CRÔNICA
DOS AFETOS

G983c Gutfreind, Celso.
        Crônica dos afetos : a psicanálise no cotidiano / Celso
    Gutfreind. – Porto Alegre : Artmed, 2016.
        207 p. : il. ; 21 cm.

        ISBN 978-85-8271-275-7

        1. Psicanálise - Crônicas. I. Título.

                                                CDU 159.964.2

Catalogação na publicação: Poliana Sanchez de Araujo – CRB 10/2094

Celso Gutfreind

CRÔNICA DOS AFETOS

a psicanálise no cotidiano

artmed

2016

© Artmed Editora Ltda., 2016

Gerente editorial: Letícia Bispo de Lima
Colaboraram nesta edição:
Coordenadora editorial: Cláudia Bittencourt
Capa: Maurício Pamplona
Ilustrações das aberturas de partes: Paulo Roberto Thumé
Preparação do original: Leonardo Maliszewski da Rosa
Projeto gráfico e editoração: TIPOS – design editorial e fotografia

Reservados todos os direitos de publicação à
ARTMED EDITORA LTDA., uma empresa do GRUPO A EDUCAÇÃO S.A.
Av. Jerônimo de Ornelas, 670 – Santana
90040-340 – Porto Alegre – RS
Fone: (51) 3027-7000   Fax: (51) 3027-7070

Unidade São Paulo
Av. Embaixador Macedo Soares, 10.735 – Pavilhão 5 – Cond. Espace Center
Vila Anastácio – 05095-035 – São Paulo – SP
Fone: (11) 3665-1100   Fax: (11) 3667-1333
SAC 0800 703-3444 FREE – www.grupoa.com.br

É proibida a duplicação ou reprodução deste volume, no todo ou em parte, sob quaisquer formas ou por quaisquer meios (eletrônico, mecânico, gravação, fotocópia, distribuição na Web e outros), sem permissão expressa da Editora.

IMPRESSO NO BRASIL
PRINTED IN BRAZIL
Impresso sob demanda na Meta Brasil a pedido de Grupo A Educação.

A escrita é a morada do efêmero.

Pontalis e Mango

A transferência me impressiona pela sua tendência de aproveitar o novo cenário para ir adiante. Nesse sentido, o desmantelamento de um indivíduo não escaparia de duas uma: ou o início foi real e totalmente catastrófico, ou houve posteriormente uma absoluta falta de novas oportunidades.

Do autor

AUTOR

Celso Gutfreind nasceu em Porto Alegre em 1963. É escritor e médico. Como escritor, tem 31 livros publicados, entre poemas, contos infantojuvenis e ensaios sobre humanidades e psicanálise. É colunista da *Revista Estilo Zaffari* e colabora com o *Jornal Zero Hora*.[*] Participou de diversas antologias no Brasil e no exterior (França, Luxemburgo e Canadá). Foi traduzido para o francês, o inglês, o espanhol e o chinês. Tem diversos prêmios, entre os quais se destacam *Açorianos 93* e *Livro do Ano* da Associação Gaúcha de Escritores em 2002, 2007, 2011, 2012 e 2014. Foi finalista do Prêmio Jabuti 2011 e escritor convidado do Clube de Escritores Ledig House, em Omi (EUA), 1996.

Como médico, tem especialização em psiquiatria e em psiquiatria infantil. É mestre e doutor em psicologia, estudos realizados na Universidade Paris 13. Realizou pós-doutorado em psiquiatria da infância na Universidade Paris 6. É psicanalista de adultos e crianças pela Sociedade Brasileira de Psicanálise de Porto Alegre. Atualmente é professor convidado nos cursos de Psicologia da Unisinos e da UFRGS.

Pela Artmed, foi um dos organizadores do livro *A obra de Salvador Celia: utopia, empatia e a saúde mental das crianças* (2013) e é autor de *A infância através do espelho: a criança no adulto, a literatura na psicanálise* (2014).

---

[*] Algumas crônicas do livro foram reescritas a partir de textos publicados originalmente na revista e no jornal.

PREFÁCIO

Uma conversa é decisiva
se no início houve olhar
o olhar conversa
é vivo.

Olhar diz: "Vai". Ou: "Fica",
porém, nesse último caso,
se resvalou na entrelinha
se descuidou no fonema
se deixou escapar naco
de pode ir ou parecido,
pode ser recuperado
nos meandros
da conversa
a cada não
e, então sim, pode ir adiante.

A vida vinga enquanto há promessa
de olhar e cumprimento
de nova narração.

FRAGMENTO DE INTRODUÇÃO

> Mas, antes que eu sossegue, resta uma pergunta: se todos os cientistas tomarem medicamentos de modo a controlar *seus* excessos delirantes, a ciência sobreviverá?
>
> Maria Rita Kehl

No subtítulo deste livro há a palavra psicanálise, pois ele veio dela. Está nos afetos o seu principal conteúdo. Crônica, porque é sua forma. Se há ciência, logo se dilui na ficção do cotidiano, metáfora de que a arte duradoura (interminável?) lembra a análise a propósito do título maduro de Freud.

O livro conta com mais arte nas ilustrações, casando imagem (que vem primeiro) com palavra, outra metáfora e um dos carros-chefes do tratamento analítico. Convém lembrar que na vida psíquica a imagem também vem antes. Depois, a partir de encontros, precisamos da companhia da palavra, justo ela, carente hoje (Steiner, Benjamin). A psicanálise investe na representação como a chance maior de contar para elaborar e simbolizar. Sobreviver e viver.

A obra começa com uma introdução sobre as origens ou o nascimento de um psicanalista. Isso é muito pessoal, como a psicanálise e a arte, apesar de teorias e de formas disponíveis para elas, respectivamente. Depois, contamos casos ficcionais,* com exceção de um fragmento que é nosso próprio caso – ficcional, embora contado.

O livro avança de propósito com a clínica, trazendo a prática antes da teoria. Assim na vida, assim na psicanálise. Depois – mas já durante –, aborda elementos essenciais da técnica em geral, como a citada elaboração

---

* Embora motivadas por questões clínicas, todas as situações apresentadas neste livro foram transformadas em ficção para garantir o anonimato de suas origens. Espera-se dessa seção mais literatura do que psicanálise.

(aqui com ênfase e repetição), o contrato, a transferência,* a contratransferência,** a reação terapêutica negativa, entre outros temas caros ao autor, como o narcisismo, as interações precoces e a narratividade.

Conceitos, enfim. Disfarces. Ficções outra vez, de forma que abarcamos o ciclo vital desde o bebê e a criança até a mãe e o pai (a parentalidade), entremeado de assuntos como o pensamento, a linguagem, a intersubjetividade, a representação, o espaço lúdico, o imaginário, a realidade. E o amor, entre outros temas centrais da psicanálise ou da vida, que vem antes e ficará depois.

O encontro com crianças nas escolas é outro assunto recorrente, reunindo o psicológico, o social e o literário. Narrativa é o conteúdo mais presente na parte que lhe é específica e fora dela. Na última parte, destaca-se o encontro com alguns psicanalistas e seus duplos, ou seja, aqueles que fazem psicanálise sem saber que estão fazendo. Dessa forma, a ordenação das partes mira um sentido, como um verdadeiro arquiteto. Só depois da clínica vem a técnica, esta devendo tudo para aquela. Só depois do narcisismo inicial chegam as interações precoces entre o bebê e os pais. Essas, uma vez razoavelmente presentes, desembarcam na narratividade e na homenagem final aos mestres, existentes desde o começo. Assim nos sustentamos – pelo menos nas representações, pelo menos nos livros – da inevitável desordem.

São crônicas, logo resgatam com síntese e lirismo o cotidiano fora da psicanálise, onde ela talvez seja mais verdadeira. Na verdade, não se mirou muito. Foi-se contando soltamente, inventando (associando) livremente para reter o sumo da vida, de forma que o livro começou mais literário – como talvez a psicanálise –, movendo-se a partir do inconsciente – como a literatura –, ainda que o resultado final não deixe de abrir certo leque de elementos essenciais ao campo da análise, como metáfora do dia a dia; daí também o interesse da obra para o público – mãe, pai, cuidadores, educadores – em geral.

Houve no começo a ideia de ser combativo e criativo, na contramão de uma cultura que costuma escrever a teoria e a clínica mais duramente. Depois, só permaneceu o desejo de tentar ser verdadeiro a fim de ir contando até resgatar alguma beleza e expressão. Agora chega de alongar-se sobre o que queríamos e vamos ao que conseguimos neste abismo crônico entre intenção e gesto. Se por ventura traímos o conteúdo do nosso ideal (como, em parte, na psicanálise e na vida), tentamos mais ainda não trair a forma. O livro buscou ser substantivo como a gravura, a crônica, a vida, a psicanálise.

---

* Processo pelo qual os desejos inconscientes do paciente se atualizam na relação com o analista, ocorrendo a repetição de vivências infantis com um sentimento de serem atuais.
** Relativo à influência do paciente sobre os desejos inconscientes do analista.

SUMÁRIO

Imagens, origens 17

PARTE 1 – CASOS CLÍNICOS E ALGUMA TÉCNICA

1. Ok, o contrato 20
2. Dinheiros 22
3. Isto não é psicanálise 24
4. O abajur alemão e o recorde 28
5. Encontro, transferência, contratransferência 30
6. Psiquiatria e psicanálise: enfim juntas 34
7. Amor e rótulo 36
8. Agarrado ao paradoxo – a clínica do vazio 38
9. A psicanálise e o nada – a clínica do vazio revisitada 40
10. José não é propriedade 42
11. Maria viajando por dentro 44
12. Se a força, se a fraqueza 46
13. Casquinhas 47
14. Ele, o analista e o amigo 49
15. Ela, dois parágrafos e uma cura 50
16. Da explosão à palavra 51
17. Ela – a teoria nova 53

PARTE 2 – A TÉCNICA E OUTROS CARROS-CHEFES

18 Édipo – a cena primária ou literária 56
19 A interpretação 58
20 Raros – da transferência 60
21 Compulsão à repetição e palavra 62
22 O Supereu e a análise: um duelo de ficcionistas 64
23 A função analítica é despenteada 66
24 No carnaval da simbolização 68
25 A simbolização e os mitos 70
26 Brincar – o espaço lúdico 72
27 O espaço lúdico revisitado por Shakespeare 74
28 A perlaboração com honra ao mérito 76
29 Elogio da tristeza & outras perlaborações 78
30 A insônia como elaboração 80
31 Ilusão, mentira, elaboração 83
32 Tempo cheio de vazio 85
33 Elaboração abreviada ou interminável 87
34 O analista e o rabino 89
35 O Papa e a psicanálise 91
36 Psicanálise: um negócio de amor e intersubjetividade 93
37 Colorir a elaboração, a conspiração ou a tarja preta 95
38 Psicanálise, literatura e acolhida 97
39 Maravilhar também é acolher 99
40 Um Scott para Freud 101
41 O prosador, o poeta e o psicanalista 104
42 O transgeracional – de leite em leite 107
43 O transgeracional – entre a dor e o alívio 109
44 A psicanálise de cada um 111
45 Liberdade, liberdade ou a primeira reação terapêutica negativa 113
46 Reação terapêutica negativa 115
47 A psicanálise como arte 117
48 Psicanálise única, original 119
49 Freud não explica, mas se implica 121

PARTE 3 – PSICANÁLISE E NARCISISMO

50 O amor na psicanálise 124
51 Três eixos e um amor 126
52 A queda para o alto – do narcisismo ao amor 128
53 Presença, ausência e adoção 130
54 Antipsicanálise com ironia 132
55 Que bebê nós queremos? 134
56 Saudação aos hereges 136

PARTE 4 – PSICANÁLISE, POESIA E INTERAÇÕES PRECOCES

57 Só a poesia vende 140
58 A poesia ajuda 142
59 A pessoa 144
60 O corpo e o paradoxo 146
61 A primeira palavra 148
62 O pai na mãe 150
63 Psicanálise, política e interações precoces 152
64 O Sindicato e a psicanálise 154
65 Psicanálise, cinema, filosofia e interações precoces 156

PARTE 5 – PSICANÁLISE E NARRATIVIDADE

66 Um dedo de narratividade e a mão da psicanálise 160
67 As virtudes da linguagem 162
68 Contar: o furto saudável 164
69 Eu conto para ter esperança 166
70 A psicanálise e a esperança 168
71 Depoimento 170
72 Heitor, a criança sábia 172
73 Especial 174
74 A derradeira adoção 176
75 Novo depoimento 178
76 Davi e Golias 180

PARTE 6 – PSICANALISTAS E SEUS DUPLOS

77 O conferencista e os bebês 184
78 Informática e psicanálise 186
79 O milagre de Salvador Célia 188
80 Amor à vida (Magerino Prego) 190
81 Vida revisitada 192
82 Mário Novello: sem origem e com afeto 194
83 A cartomante e o psicanalista 196
84 O oceano do Francischelli 198
85 Um detalhe, e Júlio abre campos 200
86 O psicanalista palhaço 202

Posfácio 205

Referências 207

IMAGENS, ORIGENS

> Contam-se às centenas os livros sobre a origem da psicanálise, sobre sua conturbada história. Mas não conheço nenhum sobre a história subjetiva de um psicanalista...
>
> J.B. Pontalis

Lembrar-se de cinemas daria um romance longo, desses russos, com muitas personagens e seus nomes. Afinal, havia salas em quase todo bairro de Porto Alegre. Tinha até mesmo na praia, tudo solto em plena rua brasileira, nada confinado em *shopping*.

A programação era farta, atualizada e se espalhava rapidamente, mesmo sem redes sociais. Em Capão da Canoa, o cine Rio-Grandense fez a festa de muita gente pequena e grande. Ele fomentou o imaginário de um povo de veranistas sem nada dever ao mar. Mar de manhã, cinema à tarde, e sonho o dia inteiro, inclusive à noite. *Dez mandamentos*, *Ben Hur*, *Irmã La Dulce*, todo o Jerry Lewis, o Fellini inteiro e mais um pedaço do Bergman. Um pedaço do Bergman é imenso. A praia era leve e densa, real e imaginária: o paradoxo. Uma festa da arte em plena vida quase completa.

A cidade nada devia aos seus balneários. Sessões duplas no ABC, no Baltimore, no Bristol, dobradinha de Marrocos e Scala na Rua da Praia do Cinema. Só de Avenida, dois. Havia projeções à meia-noite à beira das avenidas tão seguras que a tia pediu para eu levar o primo à matinê. Ele ainda era um pirralho de dois anos, mas eu já tinha dez, ou seja, era considerado responsável para a época. Passava o *Tom & Jerry*, e me animei bem mais do que o primo. Desinteressado pelo imaginário da história, ele ficou mexendo na realidade das cadeiras. Elas agora eram para ele um brinquedo de montar e desmontar. Deixei: cada um na sua tela. Ele erguia e baixava os acentos, tudo rangia um pouco, mas o Tom estava supimpa e ninguém deu bola.

Estávamos entretidos na outra cena, mais viva, mais real, mas a vida imita a arte e gosta de propor uma guinada às narrativas. A cadeira desabou no dedo minúsculo do primo, e ele acusou o golpe. A plateia também, aos gritos de cala a boca, tirem essa peste daqui. Naquele tempo não havia o politicamente correto, e as crianças eram ainda menos respeitadas em sua dor de existir. Como ele não obedecia ao cala a boca, tive de tirá-lo dali. O dedo estava inchado, mas não muito e nem sangrava. Foi só um susto, eu dizia para ele, que escutava durante alguns segundos. Depois, retomava o pranto sem querer saber de cadeira, cinema, Tom, Jerry e muito menos de mim. Ele só queria a mãe dele e eu, devolvido à realidade, também.

Estamos falando de um tempo mais recolhido, mais íntimo talvez, sem celular nem orelhão acessível. Suportei duas horas inteiras daquele choro de criança, desses que ecoam de criança em criança até chegar a um vazio interior, infantil, inconsolável. Desencravei todos os meus truques de até então para combatê-lo, mas não foram eficientes, com exceção de um: botar o primo na garupa e ficar correndo de um lado para outro na entrada do cine Rio Branco aos gritos de Shazan.

O baleiro e o lanterninha não reclamaram, mas o fiscal, sim. Tive de retomar as atividades na rua gelada, e só a volta da mãe funcionou. Ela chegou com o rastro da pergunta: voltassem todas as mães, a vida aplacaria o medo da morte? Sem responder em definitivo, minha tia encontrou uma criança pequena com dor no dedo e outra maior, com dor nas costas e na alma.

Consta entre minhas dúvidas o que teria me motivado a tornar-me um psicanalista. Às vezes, penso que foram pedaços complicados dos filmes do Bergman. Em outras, o Fellini inteiro. Ou simplesmente o desejo de acalmar o pranto de uma criança. Vai saber...

PARTE 1

CASOS CLÍNICOS
E ALGUMA TÉCNICA

1
OK, O CONTRATO

O contrato – essas combinações antes de iniciar o tratamento – é fundamental na psicanálise. Desde Freud, não passou despercebido pelos autores. O contrato oferece referências de tempo e espaço que são básicas desde bebê. Proporciona limites e colabora com a organização do caos no inconsciente. Do indivíduo à civilização, somos frutos de certas regras. Elas também nos contêm.

Como disse Etchegoyen, a partir de Freud, o contrato é feito para não ser obedecido; porém, essa desobediência é o que mais interessa. Como um sonho, a via régia, um ato falho, o acesso ao desconhecido. Como uma radiografia da falta a ser compreendida, ou seja, preenchida. Podemos falar das referências do contrato: tempo de sessão, frequência, honorários, férias, etc. E variantes que costumam ser individuais ou da dupla (o campo), construídas a partir de experiências sempre originais.

De minha parte, cuido com o que possa acontecer fora da sessão. Costumo ser firme nos limites de espaço e tempo oferecidos além do *setting*. Eis uma parte do contrato pouco explicitada pelos autores e especialmente difícil de ser combinada com pacientes em estados-limite. Mas, a meu ver, necessária. Com o tempo (o limite no contrato), percebemos que ali está uma demanda para um número maior de sessões, às vezes disfarçada em um pedido de medicação. É o que geralmente acontece, embora seja um trabalho tão específico.

Maria era uma adolescente de dezesseis anos com um descompasso entre a aparência física no corpo de mulher e o olhar de criança. No segundo ano de uma terapia de duas vezes por semana, o contrato parecia devidamente estabelecido com ela e os pais, vistos esporadicamente.

Maria insistia, por meio de telefonemas ou de *e-mails* (ela lamentava por eu não usar o Facebook), em contatos fora da sessão. Às vezes para falar de uma dúvida; em outras, não era tão clara. Essas tentativas nem sempre atendidas eram invariavelmente retomadas e entendidas como um pedido, não acolhido pelos pais, de mais sessões.

Maria discordava e, um dia, fez uma proposta. Ela me mandaria um torpedo, na véspera da consulta, sobre o assunto que pretendia falar. Na hora, retomaríamos. O descompasso agora se dava em mim. Ao refletir sobre o pedido, pensava em uma manifestação obsessiva condizente com traços de seu diagnóstico ou em uma demanda (indireta) de mais encontros. O meu sentimento dizia que aquilo precisava ser acolhido e fui por ele: acolhi. Os torpedos vinham assim:

> "A fúria do meu pai." "A indiferença da minha mãe." "A inveja da minha irmã." "A filhadaputice do... (namorado)."

Parecia um agendamento, a pauta de uma reunião. Eu respondia "ok". Maria vibrava com a nova combinação, e cada um dos oks soava para ela como uma longa carta. Logo fiz a hipótese de que transferia a sua dificuldade com a abstinência e o limite.

Meses depois, a hipótese foi outra, mais sentida, mais consistente e mais simples: Maria transferia a necessidade de sentir que eu realmente pensava nela fora da sessão. Ela expressava a carência principal de sua relação com pais marcados por uma história transgeracional de falta de encontro, sintonia, empatia, afetos em continuidade, ou seja, com mais presença e acolhida.

Quando isso lhe foi devolvido, talvez nem precisasse. Maria já se dera conta de que mesmo um buraco profundo pode ser preenchido. Há surpresas, maleabilidades, possibilidades de reposição com o sol dos encontros e seus contratos envoltos em sombras de afetos.

2
DINHEIROS

> Um psicanalista não pode ser tarado por dinheiro. Primeiro, porque, ao contrário do que se diz, fazer psicanálise não traz fortuna material. Segundo, porque, ao utilizar tecnicamente o contrato, terá de brincar seriamente com a falta de um pagamento.
>
> O autor

Ela tinha perdido um filho, conforme, na véspera, chorara ao telefone. Eu sabia o que era isso? Talvez o meu silêncio a tenha feito continuar vindo. Afinal, eu tentaria saber, porque sabia. Na primeira sessão, continuou chorando – talvez tenha sido a mais importante. Na segunda, contou o episódio: um latrocínio, meio minuto. Na terceira, tentei desculpabilizá-la (e também ao filho) da morte: possivelmente morreríamos se estivéssemos no lugar dele. Justo o que ela precisava: alguém que se sentisse em seu lugar. Mas precisávamos fazer o contrato; ela era balconista, não podia pagar integralmente. Havia um pré-contrato, pois me comprometi a atendê-la na crise conforme ela pudesse; depois, se preciso, seria encaminhada.

Foram umas dez sessões. Sob a camada da dor, havia outras que foram razoavelmente nomeadas. Ela podia agora relançar-se à vida, mesmo que amputada de uma parte de si. Tinha conseguido uma alternativa para tratar-se por meio de um convênio com a loja, mas fez questão de pagar tudo, parcelando, embora eu insistisse novamente que pagasse o que pudesse.

O dinheiro é um símbolo – Freud falou disso e foi mal interpretado. Como sexo, dinheiro é um assunto polêmico, talvez o mais polêmico, e costuma evocar sentidos difíceis. O bolso é mesmo um órgão sensível, talvez o mais sensível.

Ela pagou com gosto, e pensei o quanto esse símbolo representava algo sólido entre nós, resgatado naquela transferência e resgatável em encontros futuros. Até hoje me manda notícias de um tratamento que avança. As novidades – pura arte – vêm em cartões de papel *couchê*. Dos mais lindos, dos mais caros.

3
ISTO NÃO É PSICANÁLISE

> Quando um dos meus jovens colegas me confia, constrangido: "Não consegui compreender nada", eu respondo: "É um bom sinal, você começa a se tornar analista".
>
> J.B. Pontalis

No dia anterior, durante o seminário sobre técnica, discutíamos a importância ou não de apresentá-la ao paciente. Líamos um texto do Racker. Dentro ou fora dele, pairou certa unanimidade sobre a importância de fazê-lo, ou seja, de expor já no contrato o que será feito. Sem alongar-se, mas não tão breve: no tom, sempre difícil de acertar. No mais, era achar a arte de não saturar (Bion) ao mencionar brevemente aspectos como a associação livre e a busca do autoconhecimento como superiores ao alívio imediato. Dizer que dói, mas vale a pena. E mãos à análise.

No dia seguinte, Eliane arrastou seu corpo como de hábito, sentou-se na poltrona ao lado do divã e suspirou com uma leveza perceptível:

– Ainda bem que isto não é psicanálise!

Estávamos no terceiro ano do tratamento daquela mulher de quarenta e oito anos. Lembrei-me de nosso primeiro dia, quando chegou arrastando-se ainda mais. A voz era de um peso imensurável. Naquele tempo, há horas eu não deixava de indicar um tratamento analítico sempre que possível. Também já não costumava prescrever medicamentos e, igualmente há horas, não me assustava tanto assim.

Seu quadro depressivo seria descrito como severo à luz de qualquer manual. O desânimo, imenso; a falta de prazer, quase total. Preenchia todos os critérios da infelicidade e outros mais relacionais, se olhássemos para o seu casamento e a relação com o único filho, pré-adolescente.

À época, eu supervisionava um caso de criança para o Instituto de Psicanálise. A supervisora, chamada pontualmente, concordou comigo: não havia indicação de análise, mas Eliane resistiu no bom sentido, ela queria analisar-se. No meio do lamaçal de desânimo, uma voz pesada ainda pedia para estar ali, ficar junto, contar, conversar, encontrar. Não lembro qual foi a referência teórica, acho que vinha do livrão do Etchegoyen. Ou seria Freud?

Jamais quis conferir, mas a lembrança sussurrava que o desejo do paciente é soberano. Ele supera o diagnóstico, a contratransferência, a supervisão e, ao final, é o que indica e se faz aceitar. Aceitei. Eliane, em parte, se fez acolher e me agarrei nisso. A frequência foi a possível: mínima, primeiro quinzenal, depois semanal. A contratransferência, péssima; o avanço, lento, cheio de paralisias comandadas pelo vazio dela, acionando o meu, meio esquecido, sempre lembrado.

Eliane alternava sessões de puro choro com outras de muita raiva, sobretudo da mãe, que fizera dela, desde pequena, um antidepressivo, em uma espécie de tratamento invertido e interrompido somente pelo suicídio. Seis meses após essa tragédia, Eliane conheceu o marido. Semanas depois, casou e, no ano seguinte, tornou-se mãe.

Cada um desses passos deixava-a muito culpada, e eu me lembrei do Cyrulnik, escrevendo sobre o embate entre a resiliência e a culpa quase intransponível de crianças que ficam felizes quando morrem os pais que tanto as maltrataram sem querer. Lembrei também de adultos que não conseguem superar o teto de felicidade vivido por esses pais. Entre muito choro e raiva pesando sobre mim, eu não perdia a oportunidade de ligar os sentimentos de Eliane com a história vivida com a mãe.

Não lembro como formulei a ideia. Na primeira vez, ela nada disse. Na segunda, fez um muxoxo. Na terceira, chamou-me de louco e precisei suportar esse papel e repetir uma centena de vezes do melhor jeito que pude para que ela chorasse aquilo mais lucidamente, mais diretamente, como quem deixa, aos poucos, uma valiosa bengala.

Eliane agora experimentava prazer sexual pela primeira vez com o marido, que sempre chamara de "paizinho". Ela brincava com o filho que, mesmo já adolescente, não perdeu a oportunidade de ainda brincar com a mãe e refazer-se. Profissionalmente, ela ia bem, com cargos desejados no que mais queria: uma função intelectual. Gostava de saber, de estudar, de aprender. Gostava de encontrar como a mãe, que, entre um surto e outro, lia e dava a ler, construtiva e destrutiva: completa.

Claro que cada um desses movimentos era acompanhado por uma sensação enorme de culpa (Cyrulnik), suficiente para produzir quadros infecciosos e sintomas psicossomáticos (ela era *habituée* das Emergências) jamais comprovados pelo laboratório. Tudo era subjetivo, nada era evidente.

Eliane não faltava à sessão semanal nem se atrasava. Não deixava de chorar e expressar raiva, e eu tampouco perdia a oportunidade de relacionar aquilo tudo com a mãe, de quem cada vez mais garimpávamos do melhor e do pior. O pai nem era mencionado.

No terceiro ano do tratamento, a culpabilidade estava amena, e as turbulências, amainadas. Eliane chegou a declarar-se uma pessoa feliz de vez em quando, o que é bastante para qualquer um. Duvidei de mim e da técnica, considerando aquilo uma sobreadaptação ou uma virada maníaca que não veio. Eis, então, a afirmação surpreendente:

– Ainda bem que isto não é psicanálise!

Depois de um silêncio constrangido, rebati:

– Mas o que é psicanálise?

E Eliane, sem titubear:

– Vir com frequência, não ter objetivos, não pensar só na minha mãe. Tu nunca disse direito o que a gente ia fazer, a gente foi fazendo simplesmente.

Então, lembrei que no início, chafurdado por emoções violentas e cheio de ambivalência entre tratá-la ou não, eu havia "esquecido" de explicar o que faríamos. Lançamo-nos diretamente ao encontro, emoção a emoção, sem nos preocuparmos com os nomes do que faríamos.

Também pensei que pouco explico aos adolescentes o que faremos e que não me excedia em explicações quando trabalhei com crianças residentes em abrigos. Contávamos histórias para elas e ouvíamos as suas, oferecíamos as nossas emoções e as metáforas das narrativas deste mundo. Depois é que pensávamos: nomes não vinham antes.

Será que com Eliane eu havia feito igual? Esquecido de fazer?

Já não precisava de resposta. Afinal, aquilo não era psicanálise.

4
O ABAJUR ALEMÃO E O RECORDE

Ele me disse que no passado costumava quebrar tudo. Nunca o fazia fora de casa, sempre dentro. Teve época em que trabalhava só para repor o prejuízo. Por causa disso, não comprava nada caro ou importado. Tentou três terapias, melhorou em todas, mas nunca o suficiente. Quando estava "quase bom", voltava a quebrar.

Melhorou quando recebeu o diagnóstico há seis anos. Transtorno bipolar. Passou a tomar um estabilizador do humor e nunca mais quebrou nada, nenhum graveto sequer. Continuou indo ao psiquiatra, mas agora queria mais. Achava que não quebrar não bastava. Desentendia-se com a filha adolescente, desejava pensar sobre isso. Queria "juntar os cacos".

Sabia que eu era um psicanalista e perguntou se eu o aceitava com a medicação. Com "tantos cacos acumulados", não queria voltar a quebrar. Aceitei. A filha desejava sair de casa, buscava autonomia, liberdade. Ele batia de frente: "sem quebrar, sou um pai, sei o que é melhor para ela", dizia em companhia não da mulher, uma executiva que nunca estava em casa, mas da mãe, presente, onipresente, que tinha a chave da porta e não tinha hora para entrar e sair.

O tratamento focou isso. O conflito com a mãe, reacendido na relação com a filha, a necessidade de expulsar ou de separar-se daquela para acolher a saída progressiva desta e o retorno da mulher. Fizemos a hipótese de que separar-se seria como quebrar.

O tratamento foi lento, progressivo, como costuma ser quando é com palavras e sem medicação. Longa viagem de estação em estação; passou pelo casamento, quando a mãe ficou doente; pela formatura, quando a mãe sentiu-se mal; pelos acampamentos com os colegas, quando a mãe ficou doente outra vez; pela primeira comunhão, quando a mãe quebrou tudo pela primeira vez.

Na penúltima parada, antes de negociar firme e civilizadamente a saída da mãe e firme e eroticamente a volta da mulher, ele quebrou tudo outra vez, inclusive o abajur alemão que havia comprado, arriscando.

Sem mais medicamento, continuou vindo. Há seis meses não toma, há seis meses não quebra.

5
ENCONTRO, TRANSFERÊNCIA, CONTRATRANSFERÊNCIA

> Confesso que tenho pouca curiosidade sobre o futuro, no qual, a continuarem assim as coisas, tendo a descrer. Por outro lado, interessa-me muito o passado e muitíssimo mais o presente.
>
> Mario Vargas Llosa

A ligação pedia uma consulta urgente. Eu não costumava atender urgências, mas tinha um horário à primeira hora da manhã seguinte. Marcamos e dormi mal naquela noite. Tive sonhos habitados por ogros assustadores que carregavam tochas acesas e ameaçavam me perfurar com lanças afiadas.

Ela chegou com olheiras maiores do que as minhas. Tinha quarenta e cinco anos, chamava-se Regina. O seu relato era sincopado, aos trancos e barrancos, entre muito choro e poucas palavras. Utilizou duas caixas de lenço de papel. Não esqueci, porque faltou a terceira. Até hoje guardo duas de reserva.

Ela transitava entre o que chamava de "crise de pânico" há uma semana e o atendimento domiciliar de seu terapeuta. Tinha o diagnóstico – disse –, só não sabia o que fazer com isso. O terapeuta sempre soubera o que fazer, mas agora não podia mais contar com ele.

A crise foi desencadeada por uma demissão. Ela apostava todas as fichas no trabalho, não tivera filhos. A relação com o companheiro era morna, achava-o frio, violento. Às vezes ele batia nela, mas "só quando bebia muito". Então, era fácil afastar-se até que ele caísse em sono profundo. No despertar, reconciliavam-se com "algum sexo meio forçado". O último atendimento do terapeuta também havia sido traumático. Teriam uma consulta naquele dia para retomar e falar disso, mas ela não queria ir.

Já no primeiro encontro, tomei conhecimento de um abuso sexual, repetido pelo padrasto entre seus seis e treze anos. Contava-o em detalhes e tive ânsia de vômito pela segunda vez na vida ao ouvir um relato. Alguns encontros a teriam salvado: com a madrinha, que morava em outro estado, onde se refugiou na adolescência, interrompendo a longa série de abusos. Com o professor de cursinho, com quem teve um caso passageiro e que a estimulou a seguir carreira universitária. Com o chefe da empresa onde ainda trabalhava. E com o terapeuta. Com ele tinha tal intimidade que conhecia os filhos e frequentava a casa. Eles estavam juntos em datas festivas, formatura, aniversário e conhecia a sua mulher, com quem se dava bem, apesar de sentir muito ciúme. Ela recebia o terapeuta em casa, às vezes em efemérides e sempre nos momentos de crise. Conversavam, comiam, bebiam. Eram bons amigos, ela disse, não aceitaria alguém que não pudesse ser assim.

Com a crise, a empresa enxugava; o chefe havia sido demitido. Seguraram-na o que deu; não deu mais, daí a ansiedade maior. O trabalho – repetia – era tudo para ela. Ele, sim, "preenchia o seu buraco". Naquela noite, ela, o namorado e o terapeuta que veio para "uma urgência" haviam pedido uma *pizza*. Comeram com muita bebida, uísque, vinho, vodca. Lá pelas tantas, tomada por uma grande angústia (a mesma que sentia ali na hora comigo), Regina chorou muito. O terapeuta a abraçou longamente. E a beijou na boca. Cheguei a pensar que pudesse ser uma fantasia como a das histéricas que tanto confundiram Freud no começo, mas havia testemunhas, como no passado: a mãe que foi conivente ontem como hoje o companheiro, que estava junto e chegou a dizer para ela:

– Achei que era normal e fazia parte do tratamento.

No dia seguinte, o homem tinha se desculpado pelo telefone. Quanto a nós, fomos por camadas. Na primeira, tentamos desbastar o incidente. Aventou-se até mesmo a possibilidade de que fosse ao reencontro para esclarecimento ou despedida. Não fez nem um nem outro, mas desenhamos esse profissional como um ser humano que se atrapalhou muito com aquela vivência. Chamá-lo de perverso poderia abreviar o entendimento. Ele tivera os abusos dele, mas nós queríamos ampliar a compreensão dos de Regina.

O mais difícil veio nas camadas seguintes. Regina era muito invasiva, telefonava em horas impróprias, impulsiva, *border*. Imprimi alguns limites, estes de que falam Kernberg e Bergeret. O mais difícil era conviver com a frustração quando eu me negava a participar de sua vida, fora do consultório. Quase desistiu do tratamento quando não fui à sua festa de aniversário. Ela soube por terceiros da data do meu e deixou um presente caro na portaria da minha casa. O porteiro do prédio achou simpática "a minha amiga".

Foi difícil sair dessa camada. Com o tempo (muito tempo), Regina começou a brincar com isso, deixando-me bilhetes em que me chamava de eremita e antissocial. Até imprimiu a página da personalidade esquizoide do DSM-IV-R e me entregou envolta a um laço de fita branca. Agora ela já tinha algum humor. Quando falava dos bilhetes, eu ria junto. Vivíamos bons momentos, mas o teatro presente era suficientemente claro. Regina transferia um passado de abusos sem respeito aos limites de uns e outros, autoridades autoritárias abusando do poder. Eu podia achar palavras para isso, mas elas, no começo, eram inócuas. O mais verdadeiro correspondia a um mal-estar (a ânsia recorrente de vômito) que eu suportava entre alguns deslizes, como proferir palavras antes da hora, por vezes acusações disfarçadas de interpretação. Na violência da interpretação, expressões que mal e mal seguravam o tampão das atitudes, ainda que o fizessem nem que por um fio, como costuma ser na vida e na análise.

Havia a sedução. Regina era uma mulher bonita e sabia ser provocante com vestidos curtos que revelavam pernas torneadas e a renda da calcinha. Ela fazia muita academia, e eu aprecio pernas. Sonhei, uma noite, que a beijava. Felizmente, eu conseguia pensar sobre isso e já tinha aprendido o suficiente para não ser tragado pelos atos. Talvez porque meus abusos anteriores não chegaram a tanto e agora não precisavam repetir-se; talvez porque chegaram, mas encontraram palavras suficientes para o tampão do pensamento.

A visão de suas pernas fazia-me sonhar com pernas possíveis e não proibidas. Passada a provocação, bastava-me com sobras: as de Marisa Orth, por exemplo, ou, ainda mais seguras, as de Marylin Monroe. Onde faltava (perna), voltava a me tratar completamente ou ia ao cinema. As atrizes nunca me deixaram na mão e concordo com Paulo Hecker Filho: ir ao cinema pode ser a melhor forma de tratar-se.

As palavras ferinas não resvalaram para atos, e todo mau-trato, feito com sutileza, acabava reconhecido e aguardava melhores expressões que costumavam vir depois de um tempo, aliás, muito tempo. Regina estava sozinha novamente, mas vivia relações afetivas que, embora ainda fugazes, já conseguiam conciliar afeto com "um sexo gostoso". Ela estava satisfeita com o novo trabalho, tinha um chefe que era casado e a seduzia cada vez menos. Ela aprendia o que não se pode para viver o que é possível.

A cada sessão, seguia trazendo o teatro de seus primeiros abusos. Essa transferência dramática e permanente ativava em mim camadas muito profundas, evocando tudo de frágil que eu pudesse ter daqueles primeiros personagens, como o padrasto, o professor de cursinho e, sobretudo, o terapeuta que a beijou na boca. Sou como qualquer ser humano, eu fui criança e tenho os meus próprios vilões cheios de atos sem palavras. E quem não tem madrasta na mãe ou fora dela?

O reconhecimento de que a maior diferença entre mim e eles era eu poder, em tempo, dar-me conta de meus desejos destrutivos para com Regina e por ela suscitados ajudou um bocado. Também ajudou sabê-la humana, saber-me humano, portanto, capaz de todos os atos, incluindo os mais vis e mortíferos, mas também com a possibilidade não menos humana de deixá-los habitando os pensamentos até se transformarem em melhores palavras, silêncios, trabalhos, cinemas.

Dia desses, reencontrei em sonho os ogros do pesadelo na véspera da primeira consulta. Eles vinham com as mesmas tochas acesas e lanças pontiagudas, mas já não desejavam perfurar-me, agora queriam conversar. As palavras, no entanto, chegavam com dificuldade. Quando acordei, fiquei pensando que, se tivesse tempo de dizer algo a eles, eu diria que do caos ao sentido a psicanálise é uma arte como outra qualquer.

6
PSIQUIATRIA E PSICANÁLISE: ENFIM JUNTAS

Psicanálise evoca dialética. Entre ausência e presença, entre vida e morte. Dual, binária, dialética como leva a pensar tudo o que chega perto dela. A psiquiatria, por exemplo. Olhada pela psicanálise, ela viria mais para abafar (aliviar), deixando aquela com a tarefa de expandir em busca de mais subjetividade (e dor). Contrária a ela, enfim, como uma analgesia diante de um verdadeiro reforço muscular sem alívio nem abafamento, outra vez o paradoxo.

Ana tinha setenta anos e chegou "destroçada". "Quero um colo", pedia depois de perder o marido para um câncer e o trabalho para uma aposentadoria compulsória. Se eu pensasse – como pensava – que sou um psiquiatra que utiliza a psicanálise, eu não daria. Cheguei a cogitar, sob o efeito da mais verdadeira contratransferência, que fosse procurar alguém mais maternal e propenso a colos. Não eu, não posso te atender com colo, eu diria empaticamente, a encaminhando para um profissional competente para o abraço, um psiquiatra que soubesse usar um mínimo de medicação e conselhos. Mas do que é feita a pessoa? A pessoa é binária?

Eu enchia a minha contratransferência de perguntas, já que ela é meio que feita para isso. Quanto a nós, somos feitos de psiquiatria, de psicanálise e de toda a filosofia, que é ainda mais antiga – eu mesmo respondia sem certeza. Mas há de ter um começo, um primeiro andar. Psicanálise e psiquiatria hoje desconfiam de que ele é decisivo, feito de olhar, toques, sons e colo no encontro de um e outro. Ali se fincam as estacas da pessoa como bebê enquanto prepara o primeiro pavimento, fundamental para a continuação da obra.

E do que é feita a psicanálise? A contratransferência jogava a resposta para a transferência que, sem responder, promovia o encontro de um agora repleto de antes. Haja esforço para separar trigo e joio, vida e morte, qualidade e defeito parentais, quando agora é preciso olhar os dois. Esse agora é borrifado de reencontro e reencontra o sujeito diante da verdade do seu colo no que sobrou e no que faltou (a dialética).

Que oportunidade de retomar o começo, o colo novamente, talvez o primeiro, o primeiro andar. Lançar-se relançando, e isso não tem a ver com a idade: o presente é uma ficção, o tempo também – e o que é o agora? A contratransferência, por exemplo, nem acredita muito nele. Há bebês velhos de tantas projeções parentais, velhos jovens de tanta vida autêntica. A subjetividade depende de uma base afetivamente sólida e, justo ali, arrefece a dialética psicanálise-psiquiatria, porque um bom psicanalista pode ser psiquiatra e um bom psiquiatra, psicanalista. Pode?

Ana pediu um colo com olhar, empatia e compreensão, ainda sem palavras. Apenas estando junto, eu dei. Só não toquei. Era tudo figurado – toque no sentido abstrato, como na psicanálise. E, antes de partir para construções maiores, se é que algo pode ser maior do que um colo, ela aproveitou concretamente.

7
AMOR E RÓTULO

> Que hoje eu me gosto muito mais
> Porque me entendo muito mais também.
>
> Gonzaguinha

A psiquiatria, desde há muitos manuais, chama de transtorno de oposição desafiante. Ao sistematizar o distúrbio, arma-se de critérios quase irretorquíveis, de análises sistematizadas e de muito poder científico para, nos casos mais estridentes, poder, inclusive, medicar. Medicar é histórico e humano, portanto, ambivalente. Pode aliviar e salvar. Pode lucrar e afogar.

Quem vive o transtorno – mãe e pai especialmente, mas também professores – sente a dureza. A criança se opõe a tudo e a todos com uma energia profunda. De criança. Ao sim, não, ao não, sim, invariavelmente e vice-versa do contrário, assim por diante. Não tem descanso, e a energia do adulto já não é intensa, porque não é de criança. Mas, sendo possível pensar no meio disso (o grande desafio), se vê como quase sempre o cenário é deslocado. Afinal, desde o começo, tudo é teatro no drama humano. A personagem criança se opõe, desafia, está no seu *script*. Ela desempenha o seu papel de mostrar que falha a sensibilidade na personagem adulto para compreender a metáfora implícita em todo teatro. No fundo, fora da distorção, a criança não se opõe nem desafia. Ela simplesmente se expressa a quem possa entender. Ao modo da psiquiatria, sistematizamos a sua fala:

1. A criança expressa que, lá no começo, antes do sintoma, ela só quer empatia, autonomia, liberdade. Nada disso se consegue com leveza e palavra, ainda mais quando se é criança. Tudo isso se consegue à custa de muito ato, oposição, desafio – a explosão da adolescência –, ainda mais quando se é criança. De certa forma, mãe e pai se opõem ao movimento. Desvendássemos a trama, veríamos que eles são (sem querer) os verdadeiros desafiantes de um movimento natural (e questionador) de crescimento. É surpreendente como nas boas obras, e ser humano, apesar das falhas, consiste numa boa obra.
2. A criança expressa que faltou aos pais – como expressão e não crítica – a capacidade de estar junto, acolhendo, limpando, esperando. Acolher, limpar e esperar é mais difícil. É humano desejar o fácil, especialmente hoje.

De olho no diagnóstico, mede-se, nomeia-se e às vezes até se medica a criança, considerada responsável por se opor e desafiar. Mais fácil, aparentemente mais rápido, tudo o que se quer hoje. Mas isso ou aquilo muda o olhar e o rumo de um tratamento. De olho na interação, pode-se tomar o caminho mais difícil e fatigante: compreender; e a tentativa, então, é de intervir no ambiente, fazendo-o mais acolhedor. É mais lento (às vezes, quase impossível), tudo o que não se quer hoje, embora seja mais justo com o teatro verdadeiro e, em longo prazo, mais efetivo. De olho no diagnóstico, oferece-se ainda mais limites para a criança. De olho na compreensão, concede-se aparentemente menos limites para a criança.

No fundo, a psicanálise contribui com a psiquiatria quando sugere que não há limites mais sólidos do que a presença afetiva e compreensiva, essa que não cabe em manuais, não responde a medicamentos e se chama amor. O amor e sua falha. O amor e seu passado disposto a revisar-se para se relançar em outro amor. O amor e sua palavra depois do amor. O amor e sua lenta construção em meio a seu histórico de destruições. O amor e sua fúria.

O amor e sua persistência em estar junto sem se entregar para o rótulo ou para a facilidade. O amor, difícil como sempre.

8
AGARRADO AO PARADOXO – A CLÍNICA DO VAZIO

Era como estar em uma obra sem estacas ou como estar antes da obra e ouvir palavras desconexas, um balbucio. As imagens faziam sentido, elas não me deixavam sozinho e me levavam a uma paisagem desoladora de um deserto, ou a uma presença incômoda de um bebê incomodado, entoando um choro sem tradução no momento.

Pensei também no Primo Levy, no Jorge Semprun, no Viktor Frankl, e consegui continuar pensando que todos haviam pensado no irrepresentável, tornando-o menor ao pensarem, porque o que ela dizia era desta ordem desordenada. O relato, um arremedo de relato, a dor sem porta para sair, mas balbucio e arremedo de relato poderiam abrir uma fresta. Eu tinha medo de espiar, porque sentia um jorro de água (neve, areia) incontrolável, vindo dali e rebentando a porta. Seu nome? Idade?

Silêncio. A dor sem porta tomava conta de tudo. Considerei a falta suprema de mãe, pai, empatia. Pensei no fim dos dias antes do começo. Ela, para mim, não tinha nascido; então, pensei que se pudesse continuar ouvindo até o fim e resistisse ao arremedo de linguagem, teria feito algo importante naquele dia.

Ela falou de uma fotografia que a tia havia batido com uma polaroide. A mãe é que tinha pedido, e divisei o paradoxo. Como a dor, a desolação e o irrepresentável poderiam conviver com algo tão valioso preenchendo o vazio? Mãe pedira foto, tia batera. Havia um rio por perto de Tapes ou São Lourenço. Mãe, tia, nomes de cidade, eu me agarrei no paradoxo e vi a foto. Que importava se a boca estava suja, chovesse fraco e ela estivesse com o olhar caído? Para quem vinha do vazio, eu detinha agora um espólio considerável. Eu me agarrei nele feito uma Xerazade em um relato e ganhei um tempo. Um tempo é precioso. Não me restava tão somente a importância de ouvir. Eu tinha uma pergunta e podia passá-la adiante. Nem passei, mas eu a tinha e não a soltava mais. Sabia que estávamos longe de contemplar uma janela (havia pombas àquela época), sentia que estávamos longe de descrever belezas (como Meltzer ou Quintana) ou ela me sorrir ao contar uma refeição delicada e um sexo intenso. Mas uma pergunta me habitava, e eu a fazia viva dentro de mim.

Naquele tempo, tomava notas após a maioria das sessões. O arquivo dela estava quase vazio – o que tinha era um arremedo de escrita. Então, botei que se chamava Margarida, tinha cinquenta e oito anos e me fizera sentir um cheiro de sangue misturado com antisséptico, como eu havia sentido há décadas em estágios nas salas de obstetrícia.

Aquelas palavras eram para nós um nascimento.

9
A PSICANÁLISE E O NADA – A CLÍNICA DO VAZIO REVISITADA

À época, eu acompanhava duas situações muito difíceis. Não que as outras não fossem, mas aquelas pareciam especialmente complicadas, uma delas mais ainda, conforme eu pensava no início e confirmou-se ao longo das respectivas tramas.

Na primeira, depois de anos de embate e muito gramar de vazio em vazio, meu interlocutor tornou-se capaz de encontrar um amor. Como era de hábito no seu sentimento de culpa, em vez de contar o romance com prazer, gastava a energia em tentar discutir comigo. Ele me atacava, eu o acolhia, cada um em seu papel no drama que agora vinha dando certo. Ele utilizava a imagem de ferros no interior de uma coluna (era engenheiro, embora não o exercesse por causa de "discussões") para dizer que havíamos inventado completamente "aquela coluna" (de amor), já que nada tinha em seu passado que pudesse prepará-la, fosse mãe, pai ou as suas próprias tentativas anteriores. Ele sabia o quanto eu discordava dessa hipótese, o que era claro em minha permanente proposição de procurarmos algum fio solto e positivo do seu passado para compreender a parte boa do presente. De certa forma, a sua teoria concedia-me certo poder, tornando-me um ser capaz de, junto com ele, inventar do nada uma coluna sólida, mas eu sabia que não era verdade e pensava que manter uma mentira não seria bom para nenhum de nós.

A segunda situação, ainda mais grave, vagava há quase um ano sobre um deserto sem fio nem fundação ou coluna, e eu pensava agora o quanto seria proveitoso se a teoria do primeiro interlocutor estivesse correta. Nesse caso, manteria acesa magicamente a esperança de que pudéssemos abrir, a partir do nada, um espaço para amar. Ocorre que, ao contar-me uma de suas primeiras viagens com o seu amor, o primeiro interlocutor deixou escapar que havia procurado um destino sugerido pela mãe, no momento acamada e quase fora do ar. Para não entrar em novas e infrutíferas discussões, evitei dar o flagra no fio solto e positivo do passado, deixando passar despercebida a referência materna, mas esse fio devolvia-nos a humildade de não erguermos uma obra sem precisar do alheio.

Ele continuou sorvendo o melhor do outro, sentindo-nos como autores exclusivos do encontro, pelo menos nos intervalos das discussões com a parceira ou comigo, quando ainda tentava voltar a provar do velho fel. No entanto, a sua teoria caía novamente por terra e, pouco tempo depois, ainda em meio ao deserto de fios e fundação, o segundo interlocutor deixou de me procurar e, ao que soube, continua distante do amor que nunca teve.

10
JOSÉ NÃO É PROPRIEDADE

Eu tinha quase posto abaixo o consultório. Passara o mês de férias em reformas, e José foi o primeiro paciente na retomada. Doze anos, olhar agudo (para cima), observador. Muita coisa mudou por aqui, foi logo dizendo, e eu pensei no quanto ele havia mudado. Há dois anos, chegara com o olhar cronicamente para baixo, tinha um quadro dermatológico de psoríase e, sobretudo, uma relação de muita dependência e passividade com pais, colegas e professores. Falava pouco, chafurdado nos problemas alheios, e não era observador.

Olhei para a reforma do consultório (a mudança do divã, a nova cor da parede), e tudo pareceu menor do que a reforma no José. Ainda bem que parei de pensar, porque ele pensava também e avançava resoluto no assunto seguinte. Queria comprar com seu próprio dinheiro um *game* proibido para menores de dezesseis anos. Seus argumentos vinham sólidos: tinha economizado a quantia, o conteúdo do jogo (vampiros) não parecia impróprio para ele, os pais já tinham autorizado que visse outros filmes considerados impróprios para a sua idade. Tudo chegava de forma convincente e não recuei nem mesmo diante da possibilidade que aventara de comprar escondido.

A gente faz escondido quando não pode fazer abertamente, limitei-me a comentar. Afinado, ele reviu a intenção e achou que a prioridade era tentar se entender como tentava ali comigo. Quando perguntei quais eram os argumentos dos pais, ele foi taxativo: "Eu tenho doze, e o jogo só é permitido para maiores de dezesseis".

Quando me perguntou sobre quem estava certo, respondi que não sabia. Ele se enfureceu e disse que aquilo sim não tinha mudado, eu não responder diretamente, dizendo o que sei. Dei-lhe toda a razão – afinal, eu raramente sabia –, mas disse que acabara de ouvir uma nova e importante mudança. Ele se espantou com a minha reação e quis saber qual. Então, contei que pela primeira vez eu o via reconhecer-se enfurecido com a minha ignorância.

Ele riu muito e só parou de rir quando disse que eu era como os seus pais, ou seja, de vez em quando conseguia ser inteligente. Aí eu falei que, apesar da burrice, conseguia entender por que ele não me considerava sábio, mas, talvez pela mesma burrice, não conseguia compreender por que via os pais dessa forma. Foi quando José largou uma frase que me comoveu: "Eles pensam que sou propriedade deles, mas eu não sou".

Outras coisas foram ditas, todas menores, do tipo "os colegas acham que mudei", "a parede ficou mais clara", "a cor do tapete (xadrez) é horrível" e, sobretudo, não se disse mais nada. Voltamos a jogar xadrez, como antes das férias, embora o tabuleiro também fosse novo. Quando a minha torre escapou da sua rainha para comer o bispo, José disse que eu não era tão burro quanto parecia. Mas, três jogadas depois, me aplicou um xeque-mate fulminante. Pela primeira vez.

11
MARIA VIAJANDO POR DENTRO

Maria era uma jovem adulta que abusava de álcool e maconha. Exibia o perfil da família, desde os avós, imigrantes e jogadores. O tratamento era familiar, com sessões individuais, em duplas e em grupo. A evolução foi favorável, e Maria estava feliz com seu namoro e o curso na Universidade. Ela tinha bons amigos, a vida ia suficientemente bem, não havia mais consumos prolongados, e sim episódios cada vez mais esporádicos. O tema do dia era o de sempre: a dificuldade de esperar. Maria havia sido aprovada em um programa de bolsas de estudo no exterior, calculava cada minuto que faltava para a partida e, por detrás de uma angústia talvez parcialmente explicada por separações que se avizinhavam (de seu analista, inclusive), ressurgia a angústia diante da falta e do não atendimento imediato de um desejo.

Maria deitava-se no divã e, naquele dia, sacudia-se inquieta entre longos silêncios e alguns murmúrios. Optei por dizer só uma vez o que eu pensava – "como é difícil esperar" – e suportei o silêncio. A quinze minutos do final, ela começou a contar o roteiro da viagem. Descreveu o horário da partida, a conexão em São Paulo, o breve encontro com uma tia no aeroporto, a chegada à Alemanha doze horas depois. Em seguida, calou-se novamente, mas já não estava inquieta. Foi o suficiente para eu dizer:

– Tu vens encontrando um jeito muito interessante de lidar com o que precisas esperar até que venha ou enquanto falta...

Maria me interrompeu:

– Entendi. Vou viajando por dentro.

Como se considerasse o conteúdo da interrupção mais exato do que eu teria interpretado se não fosse interrompido, concordei. Ela foi adiante:

– Poder ficar pensando e contando ajuda muito.

Concordei outra vez, enquanto era acometido por um pensamento. No dia anterior, quando fui à Sociedade de Psicanálise para um seminário, Micaela, a secretária, perguntou se eu podia responder um questionário de uma estudante do ensino médio que procurara a instituição. Topei na hora, e a primeira pergunta era:

– Como a psicanálise pode ser resumida?

A minha resposta foi que a psicanálise não pode ser resumida. Agora eu não daria a mesma resposta.

12
SE A FORÇA, SE A FRAQUEZA...

> Um psicanalista que ignora a sua própria dor psíquica
> não tem qualquer possibilidade de ser analista...
>
> Janete Frochtengarten

Quando eu disse ao menino de onze anos que não batesse tão forte na bola, ele perguntou "por quê?". Respondi que por consideração aos vizinhos de consultório e porque eu não queria tomar uma batida que me machucasse.

– Como tu é frágil! – ele comentou.

E, porque eu passasse por um momento que realmente me rendia frágil, achei a frase impressionante em termos de palavras e percepções, mas viria mais, e ele veio com esta:

– Já tomei muitas boladas dolorosas nesta vida cruel.

Ali fiquei na dúvida sobre o que em nós mais contribuía com o trabalho de analista: se a força, se a fraqueza...

13
CASQUINHAS

> Existe na dor uma realidade intensa, extraordinária.
>
> Oscar Wilde

Ela tinha quinze anos e já sabia pensar sobre si mesma. O sintoma que a trouxe – urticárias refratárias – tinha quase desaparecido. Já estávamos em outra fase, refletindo sobre a relação com o primeiro namorado. Ela reclamava que ele era possessivo, ciumento, não a deixava fazer nada sem ele, como sair com as amigas, dançar balé, jogar tênis, "Nem cocô".

Ela também era ciumenta, reconhecia, mas achava que nem tanto: "Ele pode pelo menos fazer xixi em paz". Ziguezagueávamos já com algum humor entre isso e a relação com a mãe, vista mais no tempo das urticárias. Enfim, dependia muito da mãe para sair, voltar – estar ali. Se a mãe esquecia, não vinha. Se a mãe atrasava, também atrasava.

Comentávamos um atraso e uma falta decorrentes de falhas da mãe. Ela tentava me explicar que não eram muitas faltas nem atrasos ao defender as dificuldades maternas com uma resistência (refratária) ao que eu dizia. Acolhi. Depois de um tempo em silêncio, tirou uma casquinha da perna e falou:

– Não sei por que tenho o hábito de tirar casquinhas.

Eu disse que tinha uma ideia, e ela quis ouvir qual. A ideia era que tirar casquinhas devolvia-lhe a posse de seu corpo, pois ninguém o fazia em seu lugar, nem mãe, nem namorado, nem amigas. Depois de outro tempo, espantada com a estranheza da ideia, comentou:

– Acho nada a ver, mas de onde tu tira isso?

Ela reconhecia certa admiração pela "viagem na maionese" (expressão do pai). Respondi que ali ninguém metia a mão, que eram as minhas casquinhas, os meus pensamentos e eles não dependiam de ninguém.

– Mas, sem mim, tu não pensa isso...

Tive de concordar que aquele era o máximo de dependência que eu tolerava: alguém, de vez em quando, me ajudando a pensar. Ela ouviu com orgulho e sem urticária.

14
ELE, O ANALISTA E O AMIGO

Quinze anos de idade. Estava de férias. O amigo telefonou e disse que queria ir à casa dele. Ele falou que agora não podia, porque estava indo ao analista. O amigo:

— Tá louco? De férias e ir num lugar desses?

Estava lúcido. Havia percebido a delícia de ter com quem contar, de ter para quem contar o que sonhava acordado e dormindo, de contar sobre si e ser ouvido pelo outro, de ouvir a própria voz com testemunha.

O amigo achou mais louco ainda, mas é o que ele disse, do jeito dele, adicionando: a delícia de falar da dor, especialmente depois de ter falado, mas também durante; de se sentir compreendido e de compreender; de voltar a ver o amigo depois, olhando melhor e mais atentamente para a sua fraqueza, podendo se sentir mais ele, mais forte, mais amigo.

15
ELA, DOIS PARÁGRAFOS E UMA CURA

Estávamos avaliando a possibilidade de alta daquela adolescente. Ela tinha quinze anos e a dúvida mais o receio de parar ou não. Eu, quarenta e tantos e receava também. Não costumo dar altas quando não me pedem.

Então, mudamos de assunto. Aparentemente. Em uma conversa verdadeira, o assunto nunca muda: ou é vida ou é morte, e sempre é amor, nem que na sombra dele. Ela disse que o pai estava brabo, porque ela tinha perdido a carteira de identidade em uma festa. Não bebeu muito, não ficou muito, mas, no trajeto de uma mesa à outra, enquanto conversava com a amiga, esqueceu o documento. Como já estávamos em estado adiantado de tratamento, dei-me ao luxo de interpretar que ali também, durante todo aquele tempo, havíamos acompanhado a perda de uma identidade e o ganho de outra. Isso talvez a deixasse triste como no passado e braba como o pai agora. E feliz – acrescentou, quando achei que não carecia interpretar mais nada.

Foi aí que ela propôs outra aparente guinada de assunto ao dizer que ficou chateada com a demissão do motorista. O pai alegou contenção de despesas, mas ela achava que a saída do homem estava lhe fazendo bem: agora pegava lotação, orientava-se melhor pela cidade e tinha vindo sozinha naquele dia.

Amparado nos dois parágrafos, recomendei a alta.

16
DA EXPLOSÃO À PALAVRA

Uma jovem adulta me disse: "A minha mãe acha que eu não nasci".

Ela havia nascido depois de dois abortos espontâneos. A interação com a mãe era marcada pela superproteção, que agora entendíamos como expressão do medo de que ela também morresse. Assim, não podia viver.

Eu queria escrever aquilo, mas logo chegou o outro momento. Um adolescente que tinha acessos de cólera sem aparente significado para ele e para os pais contou-me um pesadelo. Estávamos eu, ele e a avó materna em um casarão. Com crueldade, eu tranquei a velha em uma espécie de sótão, enchi de explosivos e os detonei. Ao ver a avó explodindo, ele sentiu muita raiva de mim, pois gostava dela.

Aquela avó era mesmo afetiva e participou dos seus cuidados desde bebê. Porém, como a mãe da primeira paciente, sempre foi superprotetora com a filha e igualmente com ele. Se, por um lado, compunha a matriz de apoio (Stern), por outro, podia ser invasiva (Mahler) e dificultava a autonomia, a vida própria. No fundo, aprendíamos ali que a superproteção é uma subproteção.

Conseguimos, enfim, falar sobre isso, ou seja, sobre a ambiguidade das relações humanas, marcadas pelo amor e pelo ódio, pela ajuda e pela atrapalhação. Mais ainda, demos algum sentido possível para as suas crises de cólera, que agora haviam diminuído, podendo expressar o ódio (em parte da mãe, em parte dele), dirigido a uma avó que atrapalhava o verdadeiro nascimento ou o renascimento, próprio de uma adolescência.

A primeira paciente tinha encontrado palavras, ela que vivia quieta entre momentos depressivos e atos aditivos, promíscuos.

O segundo tinha encontrado palavras e, sobretudo, a possibilidade de sonhar (Ogden).

Talvez aqueles fossem os momentos mais intensos de um tratamento: a saída do sintoma para o sonho, do ato para a expressão, da paralisia para a palavra, que, depois de um banho de imagens, de empatia, de transferência, já é possível dizer.

Eu os acompanhava naquela melhora, porque em mim esses movimentos costumam destrancar a possibilidade de escrever. Se ali chegamos, aqui cheguei. Um texto nasce e assino embaixo.

17
ELA – A TEORIA NOVA

Ela já tinha vinte anos e vivia como a adolescente que ainda era. Falávamos sobre drogas em geral, incluindo a maconha, que consumia regularmente. Sabia falar com certa liberdade (a alta talvez não estivesse assim tão longe) e associou em seguida com o episódio ocorrido em uma festa de família. O tio era cabeça-dura, "todo de direita", ela "meio de esquerda", e ele havia desprezado uma de suas opiniões.

O tio, para nós, era o pai, e aquele desprezo, uma violência, uma desconsideração, dessas que a deixava tensa, paralisada, sem alívio à vista. Era o que vinha do que mais lhe incomodava do pai, irmão do tio.

O fascínio de trabalhar compreendendo é justo este. Para cada sintoma, cria-se uma nova teoria. Ela não está em nenhum livro ou, se está, não foi descrita bem assim. O sintoma não é visto como algo que se repete ou deva ser combatido. Para enfrentá-lo, não há mapa nem protocolo. A escrita, de certa forma, é sempre nova.

O sintoma é único, original, verdadeira obra, e tudo o que podemos fazer é compreendê-lo, dar sentidos a ele. Quando faz mesmo sentido, o sintoma costuma desfazer-se ou, pelo menos, não imperar. Já não há espaço para toda a sua dose de não dito. Se ainda permanece, não mobiliza mais tanto, ou é como se tivesse mesmo desaparecido. Uma vida sem sintomas não existe.

Nós havíamos esboçado essa teoria. Em seguida, ela perguntou se estava escrita em algum livro. No nosso, concluímos, ainda que Winnicott e outros tivessem dito algo parecido, talvez melhor, mas não igual, e escrevemos assim: "Todos nós queremos alívio e consideração. O outro é que nos proporciona, desde quando somos pequenos. Depois, aprendemos a buscar sozinhos, com outros dentro de nós".

Seria como uma química natural, e a conclusão surpreendente foi que, sem drogas, não havia solução. O desafio era encontrá-las não nas drogas, em função de seus efeitos colaterais, mas no conhecimento da própria história. Quando ela se levantou do divã, enquanto se dirigia à porta, fez o seguinte comentário:

– Estranho. Tem um cheiro de maconha no ar.

Concretamente, um maconheiro contumaz a precedera. Mas, como estávamos diante de um encontro verdadeiro, fazia o maior sentido abstrato e também o senti.

PARTE 2

A TÉCNICA E OUTROS CARROS-CHEFES

18
ÉDIPO – A CENA PRIMÁRIA OU LITERÁRIA?

> Sou o menino com a mãe na praia
> O pai no meio do rio me chama
> Entre os dois divide-se minha alma
>
> Nei Duclós

O gurizinho tinha um plano para invadir o quarto dos pais à noite. Já desconfiava de que algo muito estranho se passava ali dentro durante a sua ausência. Ouvira uns sons baixos, imaginara outros mais elevados. Era criança, era curioso, queria saber, não sabia sossegar.

Todo plano de criança é eficaz, mera questão de tempo para calibrar a imaginação. Tempo de criança sobra, e o gurizinho calculou a hora exata e mexeu na maçaneta delicadamente (não havia buraco de fechadura como antigamente). Quando entrou, surpreendeu o pai recitando um trecho do George Steiner sobre as origens da criação. A mãe ouvia, extasiada:

> O artista "reconta"; ele estabelece o inventário do existente. Messiaen insistirá que a dinâmica de sua música é uma mera transcrição do canto de pássaros e dos "ruídos" inscritos na natureza física pela Divindade.

A palavra "pássaros" fez a mãe suspirar três vezes. Cada suspiro erigia um mundo indecifrável e em expansão. O gurizinho espantou-se ainda mais, não viu sentido naquilo e se retraiu. Sem ver o filho, a mãe respondeu ao marido com um trecho da Adélia Prado sobre o erotismo e a religiosidade, ambos na mesma potência, mas aquele um pouco mais intenso do que essa:

> Obturação, é da amarela que eu ponho.
> Pimenta e cravo,
> mastigo à boca nua e me regalo.
> Amor, tem que falar meu bem,
> me dar caixa de música de presente,
> conhecer vários tons para uma palavra só.

A reação do pai também veio polissêmica. Ele contraiu o corpo e abraçou a mulher com firmeza, com ternura. O silêncio foi demorado, parecia infinito. Depois, voltaram a folhear juntos na maior sintonia de ruídos.

O gurizinho ficou chocado com tanta sexualidade. Era pequeno ainda para entender aquela cena. Cogitou gritar, mas se arrastou sorrateiramente até deixar o quarto. A dor é que não o deixava. Ele estava só, como uma criança no mundo.

Os pais não viram a cena, mas observaram a retração do menino nos dias seguintes. Atentos, estiveram com ele, ouvindo e ensinando a contar o que ele vivia. Hoje o gurizinho sabe se defender da vida e da morte como um leitor e virou um homem capaz de ler Henry Miller para uma mulher que lê Anaïs Nin.

19
A INTERPRETAÇÃO

> Quando as coisas estão se esfacelando, o ato mais intencional talvez seja sentar-se e ficar quieto... Nem sempre é necessário, além do mais, proferir a verdade.
>
> Henry Miller

O menino de três anos voltou da escola e pediu a mãe em casamento. Freud revirou-se na tumba e, mesmo feliz da longevidade de seus *insights*, lamentou não poder ser o padrinho. A mãe tinha duas opções principais. A primeira era responder "sinto muito, eu sou casada com o teu pai, tu és apenas uma criança, crianças não casam, mas tu crescerás e, um dia, quando fores adulto, poderás amar outra mulher que não eu". Poderia acrescentar: "os amores não são pra já", citando Chico Buarque. Ela, por exemplo, também preferia ter casado com o Chico Buarque.

A mãe no caso fez diferente e aceitou o filho em casamento. Antes perguntou o que era casar para ele, que respondeu assim: piscou os olhinhos e se aninhou nos braços dela. Bocejou. Dormiu. Sonhou. Não teve outro ritual, não teve cerimônia, Freud não foi o padrinho e voltou a dormir profundamente como em um poema do Bandeira. Mas a cena deu uma lição de psicanálise e poesia. E de interpretação.

A interpretação pode não ser mais um carro-chefe da psicanálise, mas a psicanálise tem carros-chefes? A minha tem. O olho de olho no inconsciente, o essencial da cena na transferência. A interpretação, não. Ela dorme. Ela hiberna, mas não saiu de cena, como não tinha saído para Freud nem para Winnicott. Ele brincava com ela. Enquanto isso, na semivigília da análise, fazemos como essa mãe que dá corda, cutuca a fera sem feri-la muito, usa a voz para iludir, maravilhar (Winnicott), criar um campo (Baranger) de estar junto (Stern), talvez o maior carro-chefe do tratamento.

Já a interpretação boceja. Entrasse em cena, estragaria o espetáculo como a primeira opção da mãe. Mas não foi embora. Ela aguarda. Ela chegará na hora certa. Ela chegava na hora certa até mesmo para Melanie Klein, que poderia escolher a primeira opção, mas não no primeiro momento. É só revisar seus casos clínicos, em que explicita na teoria e demonstra na prática que, para dizer "mamãe-garagem" ou "Dick-trem", são séculos de hibernação, construção e estar junto.

Quando o pavimento a dois se ergue entre tantos fantasmas, a interpretação acorda. Ela boceja como um urso após séculos de sono. Toma café, escova os dentes e começa a concretar o abstrato da obra para fazê-la ainda mais abstrata. E coloca a pedra de toque, espantada com o seu próprio poder, parecido com uma esperança de ter estado ali, quietinha, desde o começo, ajudando a construir a torre.

20
RAROS – DA TRANSFERÊNCIA

A transferência, como qualquer conceito, tem algo de ficcional. Para descrever o potencial de sua utilização, nada melhor do que a quase ficção de André Gorz:

> O que me cativava é que você me dava acesso a outro mundo. Os valores que dominaram a minha infância não existiam nele. Esse mundo me encantava. Eu podia escapar ao entrar nele, sem obrigações nem pertencimento. Com você, eu estava em outro lugar; um lugar estrangeiro, estrangeiro a mim mesmo.

O novo encontro pode remodelar o anterior. Nada, aliás, poderia ser mais forte do que a novidade afetiva para combater a repetição inexpressiva. Tão forte que reencontra a poesia (do primeiro encontro?) nos versos do Quintana, que há anos me acomete como outra repetição à cata de novidade:

> Eu te paguei minha pesada moeda
> Poesia...

Para chegar ao poema, o poeta sugere que o preço é alto. Expressar ao máximo, dizer de verdade, até juntar o que nem o trabalho nem o amor conseguiram até então, custa muito! Os silêncios e as neuroses sabem disso, e o poeta, mais do que um fingidor, é um combatente corajoso. Para o soldado Hölderlin, os poetas "são vasos sagrados/onde conserva o elixir da vida/o espírito dos heróis".

E quem lê poesia? Quem se analisa? Leitores juntam-se a heróis e, ao se colocarem em sua pele, já são como eles. Fora da ficção de Gorz, da poesia de Quintana ou de Hölderlin, o sujeito que se analisa encontra pedaços da realidade. Logo se juntam, tornam-na compacta, revelando o que falta – a falta do amor envolta onde ele houve e agora se esconde –, o buraco da víscera, o vazio sem heróis, mas com heroísmo. Para enfrentá-lo, só mesmo pagando a pesada moeda, e poucos fazem versos verdadeiros ou análise. A verdade é que predominam clichês e avultam conselhos.

Consciências más de seu tempo (Saint-John Perse), o verdadeiro poeta e o analisando, esses que pagaram a conta de muita solidão repetida ao encontro da inédita companhia de si mesmos até encontrar o outro, são uns heróis. E raros.

21
COMPULSÃO À REPETIÇÃO E PALAVRA

Não precisa psicanálise para compreender a força de uma repetição. Basta olhar a natureza: os dias, as noites, as marés. As tempestades, as bonanças, as turbulências e as calmarias se sucedem incessantemente. Antes de ser psíquico, o fenômeno já era físico, talvez biológico, antes mesmo de ser filosófico (o eterno retorno). A psicanálise só foi no embalo e mostrou que com as emoções não poderia ser diferente. Há uma tendência (compulsiva) para repetir padrões adquiridos pela educação. Um funcionamento psíquico também tende a voltar a acontecer.

Não precisa literatura para compreender a força de uma palavra. Quando dita, ainda antes de ser escrita, encontra ouvidos no outro, especialmente se pronunciada com afeto. Afetos buscam palavras. No começo, aliás, eram eles, não o verbo. Deus pode ser uma palavra. O agora quer expressão e não há outra forma de deter uma repetição que não seja nomeá-la no sentido de compreendê-la. Para isso, precisa achar um símbolo para ela, uma arte qualquer que a contenha. Se não a encontra, a gente continua sem sentir e agindo para sempre na força de uma repetição. Psicanálise, portanto, é arte. Corrigindo: antes do começo e do verbo, havia o silêncio. Entre ele e a ação, há palavra, de forma que se estabelece o grande embate. De um lado, pesando muito, a força de uma repetição, pronta para fazer igual, amar igual e pouco, odiar igual e muito, ou vice-versa, conforme o que veio antes.

Do outro lado, com muita leveza, a palavra, em carne viva com a possibilidade de dizer, pronta para inaugurar, fazer diferente, driblar amor e ódio de antes para variar depois. Agora. Mediando o embate, tem gente disposta ao resgate de ouvir e contar com afeto sem autoritarismo, estendendo a arma da linguagem. Gente em torno de gente, porque tem ali uma rede, a começar pela família, que repete, mas pode variar se for ouvida, e a escola, que varia, mas pode repetir se não for ouvida, e mais toda a comunidade com seus espaços de acolhida para contar e ouvir.

O resultado não se conhece *a priori*. É como arte: precisa que se expresse para vermos o que é ou o que pode ser. Ou como esporte: precisa que se jogue para conhecermos o resultado. Sabemos que a força de uma repetição chega mostrando os dentes e bradando. Não chega a ser uma linguagem, nem sequer ostenta o estatuto de latido. Todavia é maciça. Também sabemos que a palavra é forte. Ela, sim, late, urra e até mesmo fala depois de muito soar. Tem alma de ato e fica se for ouvida.

É briga de cachorro grande.

22
O SUPEREU E A ANÁLISE: UM DUELO DE FICCIONISTAS

Tem uns humanos que, uma vez acusados, não conseguem mais encontrar absolvição. São kafkianos e dostoievskianos como nós. A história, cuja verdade pouco se sabe, está cheia deles. Um exemplo é o goleiro Barbosa. Desde 1950 até a sua morte, o homem foi acusado de uma tragédia nacional. A duração da sua pena por não ter defendido o chute do Gigia ultrapassou o tempo máximo previsto pela legislação de fora.

Outro caso é o do filósofo francês René Descartes, cuja situação é ainda mais grave. Há vários séculos ele vem sendo acusado de um crime ainda mais hediondo: separar o corpo da alma como se, antes dele, alma e corpo andassem juntos e, depois, não mais.

Por ser um sujeito que utiliza cotidianamente a empatia e convive diuturnamente com a severa legislação de dentro (o Supereu*), eu me sensibilizo com esses casos. O tempo tem muito trabalho com eles, mas admiro a sua persistência em não desistir e contar novamente. Hoje, por exemplo, há um consenso de que Barbosa não foi o culpado pela tragédia brasileira no Maracanã de 50. Novas versões vão surgindo, e cada uma

---

* Uma instância da personalidade. Seu papel é como o de um juiz, um censor do ego; consciência moral.

delas rarefaz a culpa do goleiro. Teria havido uma conjunção de fatores que incluiriam até a não escalação do Nilton Santos.

Os detalhes da versão importam menos do que a sua existência, abrindo novas possibilidades de leitura e absolvendo um indivíduo de males tão gerais. Quanto a Descartes, para citar somente o campo filosófico da saúde, hoje vemos psicanalistas da infância que levam em conta nos seus diagnósticos a importância do corpo para o sofrimento psíquico. Esses profissionais, por mais que aprofundem o foco de uma lente interessada na subjetividade, não deixam de estudar a genética, a bioquímica e a embriologia, em que pele e sistema nervoso desenvolvem-se no mesmo local. Por sua vez, há ecografistas que não desprezam a participação das emoções no surgimento de imagens aparentemente objetivas reveladas nos exames. Dia desses, conheci uma ecografista que fazia a hipótese de que a depressão materna durante a gestação poderia influenciar até mesmo o tamanho do cordão umbilical. Havendo ligações de corpo e alma... Havendo a integração de alma e corpo... René Descartes está absolvido.

No mesmo sentido, penso que Supereus podem ser superficcionistas ao criarem tramas algozes e capazes de durar séculos. Felizmente, o tempo, a análise e a elaboração não deixam por menos quando não desistem de contar novas histórias. A cada relato, renova-se a esperança. Uma história pode, sim, curar a outra.

23
A FUNÇÃO ANALÍTICA
É DESPENTEADA

Bastou despertar daquele jeito indefinido que Caio Fernando Abreu definiu tão bem: com o pensamento despenteado. No meu caso, despenteado por agrupar funções que poderiam ser mais de uma. Não a batedeira, nem o secador; não o filtro, nem o medicamento. O livro, por exemplo. Ou o psicanalista. E, como não tinha pente para dar jeito naquilo, decidi agrupar livro e analista.

Na verdade de suas fabulações, eles tinham uma penca de funções em comum. Serviam para divertir, por exemplo. O livro mais, mas ambos serviam. Serviam para fazer pensar, de preferência em pensamentos despenteados. Pensasse na batedeira, não se ia longe: batia-se. Ou no filtro: filtrava-se. Tudo linear, redondo, o sujeito com seu verbo inevitável e penteadinho como o medicamento que medicava direto o sintoma.

Analista e livro serviam para pensar longe, indireto, corajoso, poético, subjetivo, diversificando funções. E serviam, sobretudo, para fazer sentir. Sentimentos eram ainda mais despenteados e nus do que pensamentos. Por isso, levavam mais longe. Livro e analista nos vestiam, tornando-nos elegantes sob a capa de um nome e de um sentido possível. Para começar, depois vinham outros, quase se chegava ao infinito – era interminável –, embora – paradoxo – aceitando o fim.

Ambos, aliás, distanciavam-nos dos medicamentos e de seus efeitos colaterais, como aquele mais daninho: a ausência de dores e a verdadeira sensação do fim. A ausência de dores trazia uma fissura. Durante ela não se criava, não se amava, não se crescia, não se trabalhava. Dava uma felicidade limitada, exclusiva do seu lugar. Não ia longe, e o mundo estava bem (mal) assim: anestesiado, penteado.

A ausência da sensação de fim acomodava. Não precisava escarafunchar o dia, fuçar a alegria, a esperança, tentar a sorte possível na Terra, o encontro com alguém. Mas o meu pensamento não estava penteado, e achei outra função maior ainda. Ali fiquei sem palavras, porque, na função anterior, que parecia a maior de todas, usei a expressão "sobretudo". Faltava-me agora palavra melhor que "sobretudo" e, assim, com falta e com dor, lasquei outra função em comum entre analista e livro: cavar um espaço na imaginação para nos tornar ainda mais aptos para a realidade.

Essa doeu. O fio da palavra "apto" era o mais despenteado de todos. Imune a pente e gel, ia para lá e para cá sob o efeito de vento nenhum, desafiando a manhã. Afinal, findos livro e análise, não estávamos aptos para nada que não fosse a dor e o entusiasmo de buscar outro livro e mais análise. Aquela sim parecia a maior função comum entre livro e analista – continuar contando, despenteado –, mas eu não tinha como escrevê-la por falta de um sobretudo de um sobretudo de um sobretudo. E, despenteado ainda em plena vida, lembrei-me do que Hegel disse, contaminado pela cólera, três meses antes de sua morte: "somente um homem me entende, e mesmo ele, não o consegue".

24
NO CARNAVAL DA SIMBOLIZAÇÃO

Ted Boy Marino morreu, e eu acusei o golpe. Ele foi meu ídolo nos anos sessenta, me deu até o direito de ir dormir mais tarde. Ele foi o meu primeiro Dom Quixote ao me fazer sonhar acordado com inimigos imaginários. Nas lutas do *telecatch*, eu sorria quando Ted vencia e chorava quando perdia, o que, felizmente, era raro. Desabei quando "quebraram" seu braço, pedi para engessarem o meu também. Eu o imitava dia e noite. Eu e toda a torcida do Flamengo, do Grêmio, do Inter.

Hoje seria como o UFC com Anderson Silva, mas não era. Tinha uma diferença: as lutas livres faziam um faz de conta, um "como se". Até o menino de cinco anos sabia que não eram de verdade. Adultos e crianças, fingíamos juntos. O UFC não põe aspas para quebrar braços, machucar pernas, arrancar pedaços da orelha.

São anos de surra no símbolo, na brincadeira, na possibilidade de imaginar. A realidade vem sendo imposta direto e cedo demais. Há excesso de *videogame* e falta de convivência. Lutamos contra o desconhecido, que pulsa com violência dentro de nós. Seria mortal, caso não tivesse a festa de consertar, mas o conserto depende de estar com o outro, fingindo, tocando, brincando, fazendo de conta. Da ilusão surge a criatividade, e tudo fica realmente mais vivo.

Mario Quintana falou disso com poesia. Para ele e todos os poetas, o ritmo é salvador ao oferecer uma pele entre a mãe e o bebê, entre o eu e o mundo, entre nós e as coisas, feita com dança, música, cinema, esporte, trabalho, literatura e análise. Com encontro, enfim. Somos, no fundo, salvos pelo teatro. Somos, no fundo, salvos pelo outro. Caso contrário, a solidão nocauteia com o soco da morte crua e verdadeira que nos habita desde o nascimento.

O ritual das lutas sabia iludir até que nos sentíssemos prontos para lutar de fato, ou seja, metaforicamente. Crianças encontravam adultos capazes de organizar um espetáculo que representava a violência, mas que não era a violência. O UFC cria pouca pele, não cava muito espaço.

Ainda não sei o que farei com a falta de Ted Boy Marino, mas aprendi a esperar, a descansar no símbolo e ficar triste à vontade, sem que a realidade venha quebrar o braço, machucar a perna, danificar o cérebro e matar o coração.

Acho que vou contar a dor, achar um ouvinte, estar junto até que ela passe para eu poder ficar sozinho novamente. Atado à morte de Ted há um fio comprido de mortos, não posso deletá-los simplesmente. Sem ombro em que me apoiar, sem ter com quem falar, não haveria como sobreviver a tanta morte nesta vida.

O faz de conta acompanhado ensinou-me a viver de verdade. A morrer, talvez. A prosseguir e, como se espantou Quintana, vir à tona de todos os meus naufrágios.

25
A SIMBOLIZAÇÃO E OS MITOS

Fui convidado para falar de um mito a uma plateia de psicólogos e outros agentes de saúde mental. Aceitei, mas propus atualizá-lo, contando outra história a partir dele. O proponente aceitou, desde que primeiro eu contasse o mito assim como ele é. Não aceitei, porque apesar de gostar de mitos, não sou um especialista. Não sou especialista de nada e nem acredito muito em especialistas. A vida parece pulsar mais no (des)equilíbrio geral, mais na essência do que no detalhe. Além disso, não gosto de contar nada diretamente assim como é. Preciso sempre fazer uma firula, dar uma pedalada, um toque a mais, é como eu consigo fazer. Em outras palavras, refazer. Preciso de mediador, respeito essa necessidade de achar uma metáfora qualquer, um símbolo súbito (um sintoma, um verso, de preferência), um envelope que vista a nudez, um calor que cozinhe a crueza. É o que expliquei e era verdade; não sou moralista, mas sou ruim de nudez. Não gosto de pornografia, prefiro a sugestão, o erotismo.

O proponente não topou. Penso que achou estranho. Queria a coisa em estado bruto, nua e crua, dita do jeito que é. Não sei se ficou ofendido, espero que não. Eu não fiquei, tampouco achei estranho ele querer isso. Também sou de querer coisas estranhas aos outros. Agradeci por ter se lembrado de mim e lamentei por não termos coincidido no desejo, pelo menos não naquele momento, e me despedi com a esperança de futuras sintonias.

Lamentei uma vez só, seguindo o conselho poético do professor Paulo Leminski. Depois, vibrei de poder dizer "não" com n, a, ó, til, porque não queria. Eu estava feliz de não fazer o que não desejava e ali eu podia não fazer. Muitas vezes não posso, o dia a dia é cheio de concessões inevitáveis, como disse Bion, mas às vezes posso e aí aproveito para não vender a alma. A alma eu dou ou empresto. Para chegar nesse ponto, precisei encarar outros mitos nesta luta que começou quando nasci.

Um deles vinha da Alemanha do século passado e foi colhido por um escritor. Em suas histórias, ele defende a ideia de que as crianças obedientes encontram um final feliz. Outro foi retomado por Freud e fala do "não" como norteador da vida, e tem um do Lacan que aponta o "sim" no desafio de apropriar-se do desejo. Mas não poderia falar de nada disso. Pelo menos não assim, diretamente.

26
BRINCAR – O ESPAÇO LÚDICO

> Mesclar bobagens com revezes, pois é bom
> Sair do sério, às vezes.
>
> Horácio, tradução de Décio Pignatari

Eu jogava futebol de botão com meus amigos. Manhãs ou tardes inteiras, dependia do turno do colégio. Não era o jogo em si, mas o entorno: era dentro. A gente inventava campeonatos, histórias para os jogadores, fofocas, Deus e o Diabo na terra do sol. Havia pátios para serem as canchas.

A gente aprendia da vida e da morte quase tanto quanto no colégio. Tanto quanto no colégio. Mais do que no colégio. Aquilo era uma escola de vida para nós e para o dramaturgo e psicanalista Eduardo Pavlovsky que, anos depois, eu pude ler. Ele contou a mesma história, vivida um pouco antes na Argentina. Pavlovsky também passou a infância jogando futebol de botão com seus amigos. Inventavam histórias, fofocas, campeonatos para os jogadores.

Ele foi adiante e cunhou o conceito de espaço lúdico. Trata-se de um lugar abstrato, cavado na infância, entre crianças. Na vida adulta, funcionará como um reservatório da saúde mental. O dramaturgo emprestou a história ao psicanalista que, no seu trabalho, estimulou a criação de lugares como esse. O psicanalista devolveu ao dramaturgo quando, em meio a uma depressão, era capaz de voltar a brincar (escrevendo) e ficar bem.

Brincávamos muito. Havia os botões geniosos que a gente chamava de "os lisos". Quer dizer, não eram botões, mas gente de verdade como nós e nossos pais. Os lisos não gostavam de treinar. Compartilhávamos essa ilusão e tínhamos muita raiva deles. No lado oposto, havia os dedicados que a gente chamava de "os tais", tal era nossa admiração por eles.

Os tempos eram fartos de imaginação, embora não de dinheiro. Confeccionávamos jogadores, derretendo plásticos em forminhas no forno de casa. Fazíamos os "panelinhas" em oposição aos "puxadores", que eram sólidos, industrializados com duas e até três camadas coloridas. Às vezes dava confusão, comíamos um pedaço de botão ou jogávamos com algum resto de comida. As baratas agradeciam, e as mães não reclamavam muito: dramaturgas e psicanalistas intuitivas, já sabiam o que era um espaço lúdico, muito antes de Pavlovsky.

Depois, a situação econômica melhorou, e a família fez uma viagem para o Rio, pela Varig. Foi uma fartura de comidas, talheres e até coletes salva-vidas. Só não maior do que a exuberância de puxadores nas lojas de Copacabana. Fiz a festa, acumulei uma liga nacional, sem contar as internacionais, incluindo a turca e a romena. Juntei na mala os antigos e os novos, o patrimônio completo. Eles estavam se dando bem, não havia ostentação, e a humildade dos tais superava a petulância dos lisos. Anunciava-se o tempo da fartura, e a torcida aguardava no aeroporto.

Mas a Varig não era perfeita, e a mala extraviou na volta. Em poucas horas, caí da riqueza absoluta para a penúria completa. A experiência me ensinou quase tanto quanto o colégio. Tanto quanto o colégio. Mais do que o colégio.

27
O ESPAÇO LÚDICO REVISITADO POR SHAKESPEARE

Inventar é diferente de mentir. A mentira restringe, a invenção transcende. A mentira pensa em si, a invenção sente o outro. A mentira encerra o assunto, a invenção o abre. Pode não se ver de longe nem se ouvir na hora, mas chega o dia em que a verdade vigora. No amor, mais ainda. Amantes inventam, políticos mentem – são tendências –; há exceções, mas os dias não se repetem. Shakespeare inventava. Além de aproximadamente 38 peças, escreveu 154 sonetos, a maioria para convencer um amigo a casar e ter filhos. O motivo circunstancial não impediu que fossem magníficos. Dedicou a sobra – em torno de 30 – ao grande amor.

A "dama morena", ao que consta, tripudiou o artista como homem. Achava-o feio, inferior, e o traía até com o amigo mencionado. O que fazia Shakespeare? Matava o inimigo? Morria de verdade? Shakespeare inventava. Inventava sonetos. Sonetos de amor completo com rima, ódio, esperança:

>De almas sinceras a união sincera
>Nada há que impeça. Amor não é amor
>Se quando encontra obstáculos se altera
>Ou se vacila ao mínimo tremor.

Shakespeare não vacilava. Do obstáculo fazia a novidade, outro soneto, um retrato em branco e preto para colorir a falta, o avesso, o negativo, a outra vida, imaginada, positiva. Certa psicologia o chamou de masoquista. Certa prosa o diagnosticou de padecer de amor bruxo e bandido. Depois da invenção, a língua de Shakespeare estava aberta a todas as línguas, e seu ritmo acolhia qualquer comentário. A cada estrofe, inventava conteúdos. Amante, não mentia: amava.

Há quem encontre condições menos desfavoráveis e não ame um dia sequer. Ou ame mais ou menos, ou menos, e não expresse, não registre, não experimente, ou o faça de forma mínima e com pouca intensidade, puxado o freio da alma. Para não arriscar os efeitos colaterais de um sofrimento, não conte às ganhas, não ame em cheio. Para não morrer, não viva.

Shakespeare amou por muitos dias. Da vivência deixou uma trintena de peças e um punhado de poemas:

> Mas em ti o verão será eterno,
> E a beleza que tens não perderás;
> Nem chegarás da morte ao triste inverno:
> Nestas linhas com o tempo crescerás.
> E enquanto nesta terra houver um ser,
> Meus versos vivos te farão viver.

Fizeram, mas a vida é transitória, e, antes de refazer, a morte desfaz. Tem menos trabalho com a perna curta da mentira e bem mais com o corpo largo da invenção. Shakespeare não era mentiroso e sim amante, inventor:

> Amor não se transforma de hora em hora,
> Antes se afirma, para a eternidade.

Também inventou esta. Não mentiu.

28
A PERLABORAÇÃO COM HONRA AO MÉRITO

> O mal da epopeia é sem remédio:
> Seu principal ingrediente é o tédio.
>
> Lord Byron, tradução de Décio Pignatari

Há, em *Alice no país das maravilhas*, a menção a uma aula que se chama "lição de ficar feio". No embalo de Lewis Carroll, se eu fosse convidado para dar um curso em uma escola infantil, eu proporia para as crianças o curso de "não fazer nada". A ideia não é rivalizar com as noções iniciais de matemática e língua portuguesa ou mesmo as primeiras palavras de uma língua estrangeira.

A ideia de fato não tem muita ideia e propõe justamente o seu esvaziamento. Gostaria simplesmente de possibilitar às crianças momentos de realmente não fazer nada. Como o nada não existe e sempre acaba produzindo alguma coisa, as crianças logo estariam afastadas dele e confrontadas com algo diferente de estudar, mas também não seria recreação nem brincadeira. Não seria nada, e na culatra desse nada as crianças teriam a oportunidade de sentir um pouco de tédio na companhia de um adulto meio atento e meio desatento. O curso intensivo, não de todo breve, faria o tédio encontrar a oportunidade de crescer. Se tudo desse certo, ele encontraria a angústia e, se for ainda mais bem-sucedido, a tristeza.

O curso nada empírico teria objetivos definidos, como ensinar a criança a se sentir triste, entediada e angustiada sem que um adulto venha logo acabar com isso. Ao final, estariam aprovados os alunos que aprenderam a esperar e a frustrar-se sem que alguém precisasse vir logo apagar a chama do sofrimento. Esses sim entenderam que os adultos, hoje, na maior parte do dia, estão omitindo o verdadeiro ritmo da vida: ganhar, perder, frustrar-se, gratificar-se, esperar, procurar, ganhar e perder novamente.

Tivesse oportunidade, ofereceria o mesmo roteiro para os adultos. Poderia ser um supletivo, o formato pouco importa. O objetivo principal seria recuperar a capacidade de parar e perder, simplesmente. Perder, mas também ganhar a ilusão de que o que se perdeu pode ser recuperado horas, dias, anos depois. Ou não, tornando-se necessário o convívio com a perda. Aqueles que aprendessem a suportar o irrecuperável seriam dispensados da avaliação final e liberados antecipadamente para as férias. Com honra ao mérito.

29
ELOGIO DA TRISTEZA & OUTRAS PERLABORAÇÕES

Não quero elogiar a tristeza. Ela vem por si mesma, elogiada ou não. Poetas maiores sabem disso. O Vinícius chegava a chamar:

> Bom dia, tristeza
> Que tarde, tristeza
> Você veio hoje me ver
> Já estava ficando
> Até meio triste
> De estar tanto tempo
> Longe de você.

Grandes filósofos também sabem disso. Kierkeegard não a evitava: "Arriscar-se é perder o pé por algum tempo. Não se arriscar é perder a vida". Ele considerava a vida triste, mas não a perdia. Para Schubert, outro grande, toda música era triste. Não sei se ele tinha razão, mas tudo o que importa é como a música, ou seja, tem uma tristeza. Não é buscá-la como um romântico ou alimentá-la como um melancólico, mas sim compreendê-la, sentindo que faz parte da vida.

Alegrias costumam ser indescritíveis, nós as buscamos todos os dias. De vez em quando encontramos, depois escapam, mas só a tristeza pode oferecer a alegria das pequenas alegrias, a vibração dos passos de olho na longa história que os precedeu. Só os pequenos passos existem, os poetas sabem disso: "Caminhante, não há caminho; faz-se caminho ao andar", disse Antônio Machado.

Mas não é óbvio vibrar com o paradoxo da beleza no dia cinzento, o pequeno alívio de uma grande dor, o quase imperceptível recuo de um ressentimento, a oportunidade para um café com quem não víamos há séculos e ficaremos séculos sem ver depois do café. Vibrar com a chuva, com o começo do sol, com o fim do sol, com a frase que melhorou depois da vírgula ou do ponto e, finalmente, se disse. Alguém poderá ouvir e há de ser menos triste. Vibrar com a esperança.

A tristeza oferece tudo isso. Ela é sábia e lembra-nos de que a vida é provisória e, justo ali, tem sua permanência. Quanta energia se gasta para ocultá-la! Abusa-se de antidepressivos e de cirurgia plástica até que a face adquira um riso permanente e falso. É falso rir quando morre, perde ou acaba. É verdadeiro ficar triste na morte e no fim. Ali sim os sobreviventes ganham a oportunidade de encontrar a pequena alegria no movimento que se recupera depois de meses parado, no esboço de sorriso depois de noites de pranto, no reencontro (na memória) após dias e dias de abandono. No que se pôde, no que se pôde compreender, no que se pôde continuar.

Não quero elogiar a tristeza. Ela não precisa, e vem como toda verdade. Resiste à cultura, ao dinheiro, ao medicamento, à tergiversação. Só não resiste à alegria de quem pode senti-la e, então, agarrar um instante até que o para sempre acabe meio triste. E verdadeiramente recomece.

30
A INSÔNIA COMO ELABORAÇÃO

Precisamos dormir. Privar-se de sono é uma tortura concreta. Dormindo, as crianças crescem, os adultos se recuperam. Todo mundo é a favor do sono, inclusive a medicina, com todo o seu arsenal. Medicamentos para dormir compõem uma fatia enorme do mercado. A ciência a ampara, o repouso agradece. Sonhar é fundamental, mas não sou contra a insônia. Tentei encontrar aliados e achei um, o Chico Buarque. Ele canta:

> Preciso não dormir
> Até se consumar
> O tempo da gente.

Tentei convencer alguns insones e não fui muito feliz. Cheguei a cantarolar a segunda estrofe:

> Preciso conduzir,
> Um tempo de te amar,
> Te amando devagar e urgentemente.

Desafinei, vai ver foi isso. No entanto, o corpo é sábio. Ao inventar a diarreia ou o vômito, precisa devolver o que lhe faz mal. Ao doer, sinaliza as providências necessárias. Com a insônia, é igual: um jeito de cavar o tempo.

Todas as histórias são de amor, disse Mario Quintana. Ele estava acordado, e eu, o parodio sem sonolência: todas as insônias são de amor e suas respectivas mortes. Se o corpo não dorme, é porque a alma o cutuca à espera de descobrir a causa. Pode ser o sentimento por alguém ou por uma causa cuja consequência ultrapassou os limites da tolerância. Agora, solicita medidas e precisa de tempo. O Chico concorda:

> Pretendo descobrir
> No último momento
> Um tempo que refaz o que desfez,
> Que recolhe todo sentimento
> E bota no corpo outra vez.

Entregar-se ao sono forçado pelo medicamento pode, no último momento, não descobrir o que desfez. Como refazer? O corpo não dorme. A alma, sim. Como devolver a alma ao corpo? Aqui sou contra o sono e a favor da insônia. Só não insisto, pois insistir radicalmente pode não ser uma boa. O Chico também sabe disso:

> Prometo te querer
> Até o amor cair
> Doente, doente...
> Prefiro, então, partir
> A tempo de poder
> A gente se desvencilhar da gente.

Não se pode exigir demais do corpo. Ele fica enfermo e, então, é melhor dormir, nem que à base de medicação. O diabo é que a droga remenda furo, tapa buraco, mas não refaz. Por isso, o corpo sabe o que faz quando faz a insônia. Ela veio para refazer o afeto. Se puder ser enfrentada, oferece a chance verdadeira e única de restabelecê-lo. Sejamos claros com as noites em claro: estamos falando de amor, ou seja, de achar, perder, chegar, partir, reencontrar. O Chico, desperto, concorda:

Depois de te perder
Te encontro com certeza,
Talvez num tempo da delicadeza,
Onde não diremos nada;
Nada aconteceu.

Nada aconteceu além da insônia, com sua pacienciosa abertura de espaço para descobrir onde o amor tropeçou e reerguer a parte mais preciosa da canção para apenas retomar o encanto ao lado de quem se deseja. Ou, finalmente, esquecer.

31
ILUSÃO, MENTIRA, ELABORAÇÃO

Da mentira a filosofia ocupou-se algumas vezes. Bachelard, por exemplo, fez o elogio do devaneio, parente próximo. A psicologia também deu o seu pitaco e, para Winnicott, não se avança nesta vida sem algum grau de ilusão, outro parente. Mas, para acertar o alvo de um tema tão inexato e importante, só com alguma poesia e muita música. Para Quintana, a mentira é uma verdade que se esqueceu de acontecer, e o Chico Buarque a cantou como a desistência não reconhecida de um amor malogrado. Aproximou-a das uvas verdes e inalcançáveis da fábula da raposa: "Tinha cá pra mim que agora sim eu vivia enfim um grande amor, mentira".

Nada como um compositor e um poeta para calibrar uma verdade. Disseram tudo e se anteciparam aos conceitos de que filósofos e psicólogos se valeram para expor seus arrazoados. Ora, para o senso popular, mentir é feio, e assim são educadas as crianças pelos seus cuidadores inevitavelmente mentirosos. "Façam o que eu digo", educam e mentem. Para além do devaneio e da ilusão, cumpriram a sina do Quintana e chegaram ao mundo à espera de amor verdadeiro. Aliás, para o poeta, todas as histórias são de amor, e filosofia ou psicologia que se prezem não deveriam discordar de um resumo tão pungente. O que fazer, então, com uma verdade esquecida senão lembrá-la, como fez Quintana? Ou apagá-la, como fez

Chico: "chego a mudar de calçada quando aparece uma flor, e dou risada do grande amor, mentira...".

Mentir, portanto, não é feio. É o que se conseguiu de melhor para resgatar uma verdade de que precisávamos e não veio. Ou para apagar uma dor que chegou acima do que suportávamos. Um primeiro passo como o medo, a ansiedade, a agitação, a insônia, a busca de um restabelecimento, a abertura por vias tortas de um espaço para a cancha reta da expressão e da escuta. Precisamos de expressão e escuta e, como Bachelard e Winnicott, nós acreditamos que há formas mais efetivas (não mais nem menos humanas) de fazer acontecer por dentro uma verdade ou de amenizar uma dor. Com alguma sorte ou com um mínimo de amor, é possível fazer uma canção ou um poema verdadeiro.

Escrever prosa também conta. Este escriba terminará a última página no dia em que um amor completo fizer toda a verdade acontecer. Então, jamais pensará em mudar de calçada por causa dele e pedirá ao sono que ande na ponta dos pés e zele pelos sonhos. Mentira. Enquanto isso, o neurótico carrega uma arma. Porta-a com inocência, riso ingênuo e pouca lágrima. Mexe, conta, conta, mexe, até que o tiro sai pela culatra, e a verdade o invade com toda a maravilha e toda a fúria.

32

TEMPO CHEIO DE VAZIO

O passado já teve mais valor. O século XIX era para lá de nostálgico e até mesmo romântico. Havia muita presença da infância nas artes, em especial na poesia, que conheço um pouco mais. As razões são variadas e escapam ao espaço da crônica. Ainda bem, porque me escapam também. Eu as sigo buscando e, dia desses, achei uma delas: a expectativa de vida era menor. Hoje a vida é mais longa, ela chega a ser crônica para o poeta Leminski, mas passa rápido para todos nós. A expressão "matar um leão por dia" lembra que logo esquecemos tudo. "Brasileiro não tem memória", idem.

Outro aspecto que venho aprendendo tem a ver com a solidez dos encontros e a profundidade dos vínculos. Por hoje serem mais breves e líquidos, como diz Bauman, ajudam a entender a necessidade de buscar o novo. Sedentos de afetos, nós não desistimos de (re)encontrar os duradouros e sólidos. Não é ritmo de livro, mas de filme, a busca frenética, de Polanski.

Não se trata de apregoar a aposentadoria e sim de valorizar o vivido para encontrar abrigo na lembrança enquanto vivemos um drama. O psicanalista Viktor Frankl utilizou essa ideia após a Segunda Grande Guerra. Ele recebia pacientes que haviam perdido tudo. Antes fosse tudo: perderam todos, filhos, pais, esposa, marido, família inteira. Frankl fez arte da ciência, valorizando o sentido no presente a partir do passado.

A intenção dele era simples e, ao mesmo tempo, complexa. Se o filho existiu e houve amor, há um bem inalienável, que ninguém tira, nem mesmo o futuro, nem mesmo a morte. O poeta John Keats escreveu no passado algo parecido: "Uma beleza é um tesouro para sempre". E é, embora hoje poucos saibam disso. A própria poesia acusou o golpe já no século seguinte: "Em que espelho ficou perdida a minha face?", perguntou Cecília Meireles, desesperada com a brevidade da existência.

Mais desesperados estão os amantes, feridos da mortal certeza de que tudo acabou quando acaba, como se o presente ou o futuro tivessem muito poder ante o passado. Ou pudessem roubar os tesouros da beleza bem guardada, quebrar os espelhos bem olhados e apagar as faces bem vividas. Juntam-se aos amantes a maioria dos pais, machucados pela tristeza de ver os filhos partirem na adolescência ou, ainda antes, nos primeiros exercícios da autonomia. Ao não levarem fé na recordação (no que há dentro) e na liberdade, mãe e pai fazem vista grossa para o cofre da memória e acreditam que o ninho está deserto. Na espécie humana, só está deserto o que foi deserto.

Finalmente, surge a legião de quase todos nós, habitantes de um tempo cheio de vazio, carente de mitos e narrativas. Esvaziada a experiência, banalizado o encontro, nem sequer podemos contá-lo para lembrar. Como viciados, necessitamos de tudo outra vez imediatamente, concretamente. Não há marca, não há descanso, não há permanência.

Eu ia retomar o assunto, mas o tempo já terminou.

33
ELABORAÇÃO ABREVIADA OU INTERMINÁVEL

> E, por lidar com as palavras,
> a análise pode não terminar.
>
> Do autor

Há mais proximidade entre religião e psicanálise do que a nossa vã consciência imagina. A amizade entre Sigmund Freud e Oscar Pfister é hoje bem conhecida. O cientista Freud tentava provar ao pastor Pfister o quanto a ciência que ainda inventava era distante da religião já conhecida. O interlocutor as considerava meio próximas na forma e no conteúdo. O resultado foi uma discussão frutífera, religiosa e científica a um só tempo.

Hoje são muitos os estudos que aproximam as duas áreas, pinçando na obra de Freud momentos no mínimo sagrados, se não religiosos, como quando a leitura repetida e constante dos textos psicanalíticos (sagrados?) evoca o trabalho dos talmudistas, lendo e relendo toda semana a Torá em busca de alguma iluminação.

De fato, vivemos tempos em que certas fronteiras parecem abolidas, como as da ciência e da arte ou as do popular e do erudito. Assim, retomamos religião e psicanálise para pensarmos, sobretudo, que hoje são tempos de pouco tempo. Tempos de pouco tempo, ouso repetir, tentando ganhar um tempo precioso.

Veio da religião judaica a cerimônia de inauguração de túmulo (*descoberta de matzeiva*), realizada um ano após a morte do familiar. Seus próximos retornam ao cemitério e rezam novamente em torno da lápide recém-inaugurada. De onde mais Freud retiraria a inspiração para, em *Luto e melancolia* (1917), assinalar que é preciso cerca de um ano para realizar o luto em suas identificações com o morto, a fim de realmente elaborar a perda, evitando a melancolia...

O prazo (o tempo) inspirou não somente a psicanálise, mas também a psiquiatria. Até as edições mais recentes do *Manual diagnóstico e estatístico de transtornos mentais* (o DSM), o mesmo tempo (prazo) era atribuído. Hoje, no âmbito religioso, *descobertas de matzeiva* são realizadas poucos meses depois da morte e, no campo científico, a mais recente edição do DSM (a quinta) reduz o período dito normal de um luto para quinze dias em alguns casos. O mesmo pode valer para a movimentação atual e menor de cristãos chorando seus mortos no Dia de Finados.

Da religião à ciência, as nossas instituições sugerem (expressam ou impõem) que é preciso apressar-se. Aqui, retira-se o tempo necessário para o trabalho árduo e inevitavelmente prolongado de um luto, tão bem descrito por Freud em seu clássico artigo, escrito há tanto tempo e ainda muito lido. Refletir sobre isso em um livro de psicanálise sob a forma de crônicas revela que também os escritores não estão imunes à pressa. De fato, eis um assunto não para uma ou duas, mas muitas páginas. E, fora delas, não há tempo para conviver com o morto.

Ora, não há síntese na morte, mas a verdade é que já não há tempo para conviver com ela. Tampouco há espaço para a tristeza. É preciso virar a página rapidamente – o corte do cinema (contemporâneo). Ocorre que na alma humana (na mente, conforme o ponto de vista) há muito trabalho para se virar uma página. Toda uma história precisa ser contada, revista e sentida novamente para ser elaborada com sentimento e pensamento, a fim de que possam juntar-se e abrir o estofo para o próximo capítulo.

Esse processo depende de um tempo que não é mais oficialmente defendido. Na ânsia de que tudo passe e nada seja sentido, apressa-se a noção de que o morto vá logo em paz. O resultado é que a paz dos vivos, na aparente calmaria e clima anódino sem pranto nem tristeza, fica comprometida. Para sempre.

34
O ANALISTA E O RABINO

O Rabino perguntou como estava a minha fé. Eu respondi que não tinha, digamos assim, uma fé religiosa. Não que a houvesse perdido, não que houvesse rompido, só era um homem sem fé religiosa. Ele escutou atentamente, empaticamente, gentilmente. E perguntou como estava a minha espiritualidade.

Respondi que estava bem e a encontrava na arte, especialmente na poesia. Ele escutou atentamente, empaticamente, gentilmente e perguntou como, no trabalho de psicanalista, eu respondia às perguntas de meus pacientes. Respondi que não sabia responder, mas achava que eu não as respondia. Nos casos mais bem-sucedidos, eu as multiplicava.

Então, ele me disse que com a religião era assim também. Quanto mais se aprofundava, mais surgiam possibilidades, mais perguntas, menos respostas. Como na vida – acrescentou, citando uma parábola talmúdica sobre o gosto.

Eu estava gostando tanto daquela conversa que esqueci a parábola. Lembro tão somente de quando o Rabino exemplificou que não poderia definir o gosto dos *vareniks* cozinhados pela avó. Comentei que era incrível aquela aproximação entre religião e psicanálise, em que os momentos mais intensos não encontravam palavras.

Ele evocou a aproximação entre o discurso religioso e o científico e o quanto entendeu religiosamente, mergulhando em Porto de Galinhas, o que cientificamente pode ter acontecido na fuga dos judeus do Egito. Do ponto de vista científico, o mar teria se aberto quando a maré baixou. Moisés, é claro, estava lá, e fiquei estupefato de saber que ele era gago.

Gago? Toda aquela responsabilidade com as palavras, com o povo e gago?

Gago – persistiu o Rabino enquanto eu me lembrava de cantores como Nelson Gonçalves e Nico Nicolaiewsky.

E a saúde como vai? – interrompeu-me, preocupado como um bom judeu, pouco importa se com fé ou sem. Quando ele espirrou, devolvi a pergunta, ao que me disse que a rinite estava a mil. Acolhi e contei do meu bócio tireoidiano que crescera quatro milímetros em dois anos.

Mas agora, por mais que o bócio crescesse e eu tivesse de sofrer uma cirurgia e a cirurgia complicasse com a lesão do nervo recorrente e eu ficasse gago e até afônico, o que me impediria de continuar trabalhando?

Moisés, afinal, estava ali desde o começo para responder e aliviar-me.

35
O PAPA E A PSICANÁLISE

Entusiasmam a latinidade e a simplicidade do Papa Francisco. Também a sua humildade e proximidade com os pobres. Precisamos dessas sonoridades e intenções. Entusiasmam menos as suas ideias sobre o aborto, o casamento *gay* e a adoção por homossexuais. É possível que ainda não tenha chegado a hora de a Igreja abrir-se a um novo mundo, com mais diálogo e negociação. O engessamento de ideias é humano e não poupa papas, pastores, rabinos ou pais.

Só não impede o entusiasmo. A chegada de um líder traz esperança, mais ainda se ele for o representante máximo da fé. Precisamos dele. Precisamos de fé. Não importa o deus, não importa o credo – precisamos. Os mais céticos, no fundo, acreditam. O crente pastor Oscar Pfister tornou-se amigo do cético psicanalista Sigmund Freud depois de acolher a sua descrença. Com o tempo, mostrou que Freud tinha fé na ciência. Fés são fés, e se equivalem. Freud consentiu com a amizade.

Há quem acredite na música como deus ou deusa, tanto faz. Conheci um faxineiro que acreditava no Criador não menos do que em Zeca Pagodinho. Afinal, era ele que animava as suas longas jornadas de trabalho. Há quem acredite na poesia. Drummond, por exemplo, brigou com Deus, mas se aliou aos escritores franceses – Anatole France tornou-se divino para ele. Há quem acredite na amizade, no mistério, no tempero, no outro, em si. Os céticos morrem mais cedo. A vida não é compatível com o descrédito. Mas acreditar que um homem ou uma mulher possam resolver as nossas vidas remete à infância, quando pensávamos que era assim. Era assim, porém em seguida deixou de ser. Vidas não se resolvem. Podem melhorar, dependendo de nós, mas vá convencer uma criança (e os pais) que os tempos mudaram e agora ela precisa se vestir sozinha, escovar os dentes sozinha, fazer as tarefas sozinha. São crenças arraigadas depois de tempos de muita certeza. Ninguém quer a incerteza, mas paradoxalmente só ela existe. E vá convencer a Igreja ou as religiões em geral que é preciso repensar questões como a ordenação das mulheres e o celibato, que a roda do mundo gira e surgem novas opções que não excluem a fé. Pelo contrário, apontam um mundo mais bem habitado pela crença na aceitação das diferenças.

Isso é possível? Para líderes como Jesus Cristo, Ben Gurion, Martin Luther King e Mahatma Gandhi, sim. Só não é a sua chegada ou a do Papa que provoca a mudança verdadeira. Para ela acontecer, é preciso tempo, paciência, muito diálogo, pensamento, sentimento, empatia.

Pfister e Freud sabiam disso. Mães e avós, também.

36

PSICANÁLISE: UM NEGÓCIO DE AMOR E INTERSUBJETIVIDADE

> Je sais que la douleur est la noblesse unique.*
>
> Charles Baudelaire

Dei pelo menos duas opiniões durante a semana. A primeira foi sobre as companhias telefônicas. Elas me mandaram uma "oferta" para o celular. Não valia a pena e não aceitei. Em seguida, me parabenizaram, como se eu tivesse aceitado, e depois me cobraram, como se eu fosse pagar. Liguei suspendendo, e passei horas entre ramais até conseguir. Acho que consegui.

Já a conta telefônica do consultório veio triplicada. Liguei novamente, e disseram que estavam apenas oferecendo mais rapidez na internet. Ainda bem que conferi e voltei à eternidade dos lentos ramais para sustar. Veio disso a primeira opinião, que repito agora. Eu penso que as companhias telefônicas perderam a ética, impingem serviços, contam com a distração dos clientes em olhar as contas ou a falta de tempo de questioná-las. E concluí: há uma selvageria em busca do lucro sem a menor consideração pelo outro.

---

* "Eu sei que a dor é a única nobreza."

A segunda opinião foi sobre psiquiatria. Saiu a nova edição do DSM, o manual norte-americano de classificação de doenças mentais. Feito os anteriores, eu disse que ele nomeia, cataloga os "transtornos" de forma ainda mais rigorosa. Não sou contra diagnósticos. Eles criam uma espécie de idioma e podem impedir a falta de comunicação. Sou contra o exagero que vem acontecendo desde a primeira edição. Sou contra a arrogância crescente de prescrever o que é certo ou errado, normal ou patológico e a necessidade de considerar como doença o que não passa de manifestação da vida. A morte, é claro, faz parte da existência, como a dor e a angústia. Machado de Assis, em *O alienista*, já havia posto em ficção essa realidade. Se os critérios forem duros, ninguém escapa do manicômio, ou, no caso, do diagnóstico.

Por detrás disso, considerei um aspecto cultural. Vivemos uma época que suporta ainda menos a dor e a angústia. Há a utopia da felicidade permanente, e pouco espaço para o individual e o subjetivo que não cabem em rótulo nenhum. Não sou contra medicações; às vezes, são necessárias. Sou contra o exagero que vem acontecendo desde a descoberta do primeiro antidepressivo e a selvageria em busca do lucro sem a menor consideração pelo outro.

Foi então que o DSM-5 encontrou a companhia telefônica, e as opiniões se juntaram. Por detrás, dinheiro, gestos, atos que são muito mais fáceis do que sentimentos como dor e até mesmo alegria. Dar opiniões poderia mudar alguma coisa? Penso que a única chance de a humanidade sobreviver ou, melhor ainda, viver dignamente vem da possibilidade de dizer o que se pensa e o que se sente. Não vem do medicamento ou do lucro, mas de contar e de ouvir. Vem da conversa, da narração, da palavra. Atos chegam depois.

O amor, por exemplo, não cabe em diagnóstico nenhum, não se vende, não se compra. No máximo se empresta desde o berço na comunicação entre o bebê e a mãe, longe das companhias telefônicas.

37

COLORIR A ELABORAÇÃO, A CONSPIRAÇÃO OU A TARJA PRETA

Todo sujeito pode ser morto, a qualquer momento, pela vida em si ou por outro sujeito que o considere o diabo de sua vida. Paranoia é não pensar nisso como pensou Lacan. Ou só pensar nisso como pensa o paranoide. Um matador é barato. No Brasil, a vida vale pouco, e a lei, menos ainda. Eu, por exemplo, fazendo a apologia das palavras, já corro certo perigo:

> Não me sedes a ponto de acenderes a fome que não é minha, ou o riso acima do meu. Não quero ocupar um sol maior do que minha pouca sombra comporta. Eu quero o meu degrau, meu degrau é triste e exala a verdade da vida que posso.*

É subjetivo em demasia, mas se um dono de laboratório, ganancioso e inteligente, entender um dos sentidos, pode mandar me matar. O pior é que continuo pensando essas coisas e buscando palavras para elas:

---

* Poema do livro *Em defesa de certa desordem*, Porto Alegre, Artes e Ofícios, 2013.

Afastem a Deusa química, mas a música podem deixar: Deusa houvesse, era ela. Tirem crenças, substâncias, que a presença da palavra com a melodia cantada pelo outro bastará. Não será veloz como o último abraço no tempo, fulminante como os primeiros toques, porém terá a dignidade verdadeira de ocupar inteiro o seu lugar.

O tal do dono de laboratório consideraria a reincidência inaceitável. E pá em mim. Acho que no fundo estou cruzando dois temas: o excesso de medicação na contemporaneidade e a falta de valor da vida. Eu os cruzo, porque me parecem muito cruzados. Medicar demais para aliviar uma dor inteira acaba com a subjetividade. Ora, a vida não pode ser puramente objetiva; torna-se cartesiana, maquiavélica, sem muito valor, e morre à mercê do espírito empobrecido (entorpecido), o pior dos matadores. Não seria a morte a retomada da objetividade absoluta? Para Freud, sim.

Todos nós estamos sob a mira das tarjas pretas (muito negras) de receitas. Negro é o samba, a feijoada, a sobrevivência e a vida. A alegria pura não existe, e a felicidade constante soa falsa e frívola. Schopenhauer, Kierkeegard, Freud e outros filósofos confiáveis já nos falaram disso, mas medicar tornou-se banal como matar e facilmente descamba para o excesso, como uma lobotomia química ou uma quimioterapia que não respeita nada do que é sadio, ou seja, tenso. Portanto, amigos, se este escriba aparecer morto, peçam ao delegado para nortear a investigação na indústria farmacêutica. Se nada encontrarem, desviem o foco para o campo amoroso, que ali também andei às voltas com uma dor intensa sem sedá-la.

38

PSICANÁLISE, LITERATURA E ACOLHIDA

Era uma hora incerta na madrugada. O mal-estar, embora fosse vago, estava definido: eu precisava de um livro. O livro tinha a ver com Freud e literatura – talvez o autor fosse o Pontalis. Precisava do livro urgentemente. Ele poderia ser substituído, em último caso e com menos eficácia, por outro mais ameno, mais acolhedor. Esperei, rolando na cama, o sol nascer. O sol nasceu lá fora sem acalmar por dentro. Liguei para a Palavraria, e nada. Aguardei o sol crescer, e nada. Voltei ao caos das coisas antes dos livros, a conviver com elas em estado amorfo antes das páginas. As coisas puras, arcaicas. *Das ding*, como disse certa filosofia, retomada pela psicanálise, tentando organizar alguma coisa. A coisa.

Quisesse um pão como quis às nove e meia e teria. Era só ir à padaria da esquina, já devidamente aberta, ou, na pior das hipóteses, à loja de conveniência do posto 24 horas. Como suportar o mal-estar da alma por 24 horas?

Sentisse um mal-estar no corpo, bastava telefonar, ir à farmácia. Em caso de dor maior, era tocar para a Emergência. Esperaria umas horas, mas já com a ficha na mão e, no corpo inteiro, a esperança de ser atendido.

Para livros, neca pau. Só a espera, a incerteza e só às onze e meia o Carlito me atendeu. Voz de sono, de começo, pronta para lidar com as coisas, mas agora eu já era um amontoado de angústia, maçaroca de faltas difusas, a coisa pré-livro, um troço desumano doído, angustiado, carcomido pelo nada.

Contei tudo para o Carlito, que ouvia como um médico atento, fazendo a anamnese de seu paciente. Ele chegou a comentar que os meus pedidos eram difusos, faltava o ano, a editora, o nome completo do autor. Para ele, eu era como um doente que expressasse uma dor que iniciava não se sabe onde e terminava não se sabe como. Eu era mesmo.

Doutor Carlito anotou os pedidos, inclusive o principal: abrir um Serviço de Plantão para desesperados em busca de um livro na madrugada urbana. Não seria tão complicado: carecia alcançar o livro na hora ou pelo menos oferecer a esperança de que o encontraríamos. Bastava ouvir.

Ele ouviu, mas, em seguida, onipotente como um ser contemporâneo, disse que não o faria, porque livros servem justamente para isto: ensinar a enfrentar a vida e a morte no meio de todas as coisas ainda sem nome. Se na próxima madrugada me der um troço daqueles, vou processar o Carlito.

39
MARAVILHAR TAMBÉM É ACOLHER

> Sería bueno levantarse una mañana y encontrar que la vida de uno depende de uno mismo.
>
> Mafalda (personagem criada por Quino)

Não processei o Carlito. Se ele tinha alguma culpa no cartório dos angustiados, acabou sendo absolvido pelo tempo. Na semana seguinte, ele me ligou. Tinha lido um livro e lembrou-se de mim, achava o texto a minha cara, mas não sabia se eu iria gostar. O que ele menos sabia é que estava sendo bem mais do que um psicanalista de plantão. Com a sua atitude, atingia o rol dos grandes agentes de saúde, por serem capazes de se antecipar, priorizando a prevenção. Como quem sabe que a doença é a estação final de um trem desgovernado há muitos trilhos. Ou como um terapeuta, que, no momento da crise, em vez de medicar, indica mais leitura, digo, mais sessões. O encontro é o seu remédio. O esforço, o trabalho de ler, digo, de olhar ainda mais. Carlito sentenciava sem se dar conta: ler e analisar-se não sedam; pelo contrário, ampliam a percepção.

A obra chamava-se *O livro das coisas perdidas*, e seu autor, John Connolly. Carlito disse que eu poderia gostar, porque o romance trata da infância do ponto de vista de um menino. Ele sofre com a mãe doente e com o nascimento do irmão mais novo. A história é contada recontando os contos infantis tradicionais.

– Vou amar o livro – eu disse.
– Tomara!

Então, expliquei a ele que eu tinha certeza e dei de Oswald de Andrade às avessas:

– Não li e gostei.

Eu disse que, quando uma mãe apresenta com entusiasmo o livro (a vida) para o filho, ela o contamina para maravilhar-se, independentemente da história, porque há prosódia, poesia, saúde. Carlito ergueu os olhos sobre a armação dos óculos e interpretou:

– Nem eu sou mãe, nem tu és criança.

Foi bem aí que se enganou. Desatualizado nas questões das transferências, ele não percebia o quanto mães e crianças voltam a estar presentes a cada encontro verdadeiro. Nada grave ou para retomar alguma culpa no cartório dos desesperados. Os grandes clínicos, afinal, não são perfeitos. Nem Freud.

40

UM SCOTT PARA FREUD

> Sou da turma que arrisca ao acreditar
> que a verdade faz bem.
>
> Do autor

Carlito avisou que Paulo Scott estava lançando um livro de poemas chamado *Mesmo sem dinheiro comprei um esqueite novo*. Mesmo sem poder ir, o encomendei. Chegou no mesmo dia outra obra que eu havia pedido: *Freud – uma biografia ilustrada*, de Octave Mannoni. Era maio. Fim de semana. Os poemas e a biografia adentraram o sábado.

Sempre gostei de leituras simultâneas, especialmente a mistura de poesia e prosa. Complementam-se, e eu descanso de uma na outra. Maravilhar-me com o poético e achar a prosa para contá-lo parece aproximar-se da completude. Já venho acasalando outros autores ao longo da vida de leitor: Bandeira e Nietzsche; Manoel de Barros e Jung; Edmund Wilson e Ferreira Gullar. Ninguém é completo, nem na arte.

Há horas não rolava tanta liga entre dois gêneros. A poesia de Scott é daquelas sem concessões e encontra uma verdade psíquica desde os primeiros versos:

> a conveniência
> de ser apenas alguém estranho
> ... modo não ser patrono de feiras do livro...

Marcante, mas não agradável, tampouco diplomática. E, ao dizer isso, ela atinge o inusitado de juntar palavras nunca dantes juntas (Maiakovski), tornando inevitáveis o desassossego e o estranhamento. Aqui encontra o Freud de Mannoni sobre *A interpretação dos sonhos*, publicada em 1900, e que trouxe os mesmos estranhamento e desassossego:

> Quando lançada..., caiu no vazio. Não houve ninguém para se dar conta de que acontecera uma revolução. A tiragem da edição fora muito modesta: seiscentos exemplares. Levou dois anos para se esgotar.

A busca de uma verdade quase sempre áspera e difícil não impede que os dois livros alcancem a beleza, mesmo quando a arte poética de Scott flerta com a ciência: "atrás de gregos e mão pra segurar". Ou quando a ciência de Freud de Mannoni flerta com a arte: "Mas o sentido de um sonho nunca é esgotado por uma única explicação".

Que a palavra pode fazer e desfazer sintomas, Freud aprendeu com Charcot. Scott, talvez, com a literatura:

> até que as tardes de sábado e as frotas marítimas
> e os bombardeios viraram palavras.

Por sua vez, Freud aprendeu com os filósofos que chegar a essas palavras expande a vida interior e aumenta o teto exterior sem trazer alívio por fora nem por dentro. Pelo contrário...

A poesia angustiada de Scott parece concordar com isso ao encontrar uma imagem:

> coleção de verbos, remendos e todavia
> nenhum que sirva pra me acalmar.

Desagrado, estranhamento, desassossego e beleza. Já ia encerrar a lista de qualidades comuns entre as duas obras quando precisei retomar outra palavra essencial: subversivas. Senti-a apropriada para quem topa a angústia de ler poesia, fazer psicanálise e renascer na prosa de Freud e nos versos de Scott:

> se o destino é respirar
> pode-se dizer então
> que o estado inicial
> é de afogamento
> pés sem tornozelos
> prontos para a revolução

41
O PROSADOR,
O POETA
E O PSICANALISTA

> Temo as pessoas que carregam verdades como se fossem armas – prefiro não ter certezas absolutas, pois essas nascem, sempre, da ignorância.
>
> Luiz Ruffato

Alcancei um livro para o poeta Armindo Trevisan. Ele me devolveu dois. "É dando que se recebe", veio-me à mente ao sentir a presença desse homem que empresta religiosidade para a poesia e para a vida.

O primeiro livro do Armindo era de ensaios.* Li de noite ainda e tinha um texto sobre o encontro dele com o Erico Verissimo. Eles trocaram muitas cartas e, numa delas, Erico escreveu:

> [...] eu gostaria que ela fosse menos aguda para bem da sua própria literatura. Ela trespassa as personagens com a violenta luz de sua inteligência penetrante e acaba deixando as suas criaturas transparentes, transfixadas, anuladas, destruídas. O romancista precisa às vezes usar também as

---
* *Ler por dentro*, Porto Alegre, Editora Pradense, 2010.

patas para escrever. (Exemplos: Tolstoi, Dickens, Balzac, Stendhal...).

Erico escreveu em maio de 1965. Eu lia em maio de 2013 e decidi reescrever com módicas alterações:

> [...] eu gostaria que ele fosse menos agudo para o bem da sua própria psicanálise. Ele trespassa os pacientes com a violenta luz de sua inteligência penetrante e acaba deixando as suas criaturas transparentes, transfixadas, anuladas, destruídas. O analista precisa às vezes usar também as patas para tratar. (Exemplos: Winnicott, Bion, Lebovici, Ferro...).

Mais adiante, Erico dizia para Armindo:

> Acho que entre os escritores brasileiros de prosa, ela e o Guimarães Rosa são os únicos que têm às vezes lampejos de verdadeiro gênio. Mas o romance não exige gênio. Nem mesmo uma inteligência superaguda. Exige uma capacidade de empatia, de sair fora de si mesmo, de meter-se na pele dos outros (embora esses outros possam não ser da nossa família espiritual) e depende também de uma espécie de aceitação (que é feita metade de revolta) da vida. Estarei fazendo um paradoxo? Quando eu digo aceitação, eu me refiro a uma atitude que pode ser traduzida assim: bom, esse mundo que aí está, existe. Não fui eu quem o fez ou quem o tornou complicado. Se eu o aceito passivamente, caio em depressão. Se me revolto com fúria, transformo-me em uma espécie de niilista e vivo em permanente atitude de agressão. Que fazer? É nessa hora que entra a capacidade de ser um pouco "burro", de ter um tiquinho de *sense of humour* e empregá-lo na interpretação do mundo.

Reescrevi novamente:

> Acho que entre os psicanalistas, ela e o Sigmund Freud são os únicos que têm às vezes lampejos de verdadeiro gênio. Mas a análise não exige gênio. Nem mesmo uma inteligência

superaguda. Exige uma capacidade de empatia, de sair fora de si mesmo, de meter-se na pele dos outros (embora esses outros possam não ser da nossa família espiritual) e depende também de uma espécie de aceitação (que é feita metade de revolta) da vida. Estarei fazendo um paradoxo? Quando eu digo aceitação, eu me refiro a uma atitude que pode ser traduzida assim: bom, esse mundo que aí está, existe. Não fui eu quem o fez ou quem o tornou complicado. Se eu o aceito passivamente, caio em depressão. Se me revolto com fúria, transformo-me em uma espécie de niilista e vivo em permanente atitude de agressão. Que fazer? É nessa hora que entra a capacidade de ser um pouco "burro", de ter um tiquinho de *sense of humour* e empregá-lo na interpretação do mundo.

Eu me sentia o Bion, lendo a correspondência do Keats com a irmã para desencravar, a partir da poesia, um dos conceitos mais importantes na prosa da psicanálise: a capacidade negativa ou de não saber.

Eu me sentia o Freud, valorizando o humor como uma das ferramentas mais positivas e inteligentes para aceitar a realidade. Eu pensava nas críticas a ele como clínico que estaria aquém do teórico, ideia que talvez nos alivie de nossos conflitos profissionais edípicos.

No entanto, o maior alívio vinha ao imaginar o trabalho do dia seguinte. Afinal, a minha "burrice" agora contaria a meu favor, porque, de acordo com os mestres, era preciso aguçar cada vez mais os afetos, como uma mãe com seu bebê.

Eu precisava agradecer ao Erico. Não era difícil, bastava ler a poesia do Armindo:

> na face imensa,
> o meu sinal
> de criatura
> agradecida.

42

O TRANSGERACIONAL – DE LEITE EM LEITE

> Ofereço-te meus ancestrais, meus mortos, os espectros
> que homens vivos honraram em mármore...
>
> Jorge Luis Borges*

Chovia naquela tarde em que minha avó contou uma história da avó dela. Fizesse sol, eu andaria de carrinho de lomba. Azeitava os rolimãs, passava horas descendo, subindo e descendo. Chovia, e a avó não deixava andar se chovesse. Ainda assim, eu fui. Tomei água nos olhos, não vi o trajeto, derrapei na curva, um carro quase me pegou. Achei que a avó (quase acabada com aquilo) ia acabar comigo ou com o carrinho, mas ela não acabou. Deixou-nos intactos, nos fez entrar, nos secou, acomodou-me no sofá (o carrinho no armário), sentou-me à frente dela e começou a contar. Ouvir foi quase tão bom quanto descer e subir com o carrinho. Talvez igual, talvez melhor. Naquele tempo da história dela – contava-me a avó –, havia o leiteiro. Ele chegava com a sua charrete e era amigo da avó da minha avó. Então, deixava a minha avó menina subir na enorme charrete e ajeitava um espaço entre as garrafas e os tarros. Primeiro ao lado, de carona, depois no colo, como se dirigisse. Minha avó aprendeu

---

* Tradução de Heloísa Jahn.

os movimentos, e o velho cavalo já obedecia ao seu comando. Aguardar a chegada do leiteiro era o melhor dos dias. Estar com ele – eu penso – devia ser tão forte quanto hoje (digo, ontem) eu descer ou subir com rolimãs. Um dia – a avó pequena ainda –, o leiteiro conversava com a vizinha da avó de minha avó, quando a pequena subiu sozinha na charrete. Ela conhecia os comandos e acionou. O cavalo também a conhecia e disparou no galope. Passaram a rua, a praça, deixaram a cidade, pequena como a minha avó. A avó de minha avó foi chamada pelo leiteiro e, desesperados, chamaram as outras vizinhas, a polícia, o prefeito, a cidade inteira. A avó de minha avó enterrava uma neta. O leiteiro contabilizava o prejuízo. Cavalo, charrete e avó menina foram encontrados em Serafina Correa, no trajeto da linha onze. Estavam intactos, felizes, sorridentes. A minha pequena avó seguia firme no comando, já de olho em Dois Lajeados. O delegado bradou, o prefeito esbravejou, as vizinhas falaram mal, mas não a avó de minha avó nem o leiteiro. Felizes de recuperarem neta, cavalo e leite, entenderam que o descuido foi deles. Explicaram calorosamente que o erro estava em atender ao comando do desejo e não em desejar comandar. A minha avó contou que nunca mais pegou o que não era seu sem pedir. E continuou desejando para sempre.

 Freud contou algo parecido sobre Goethe. É o que estou contando para a minha filha, extasiada com a história e pronta para devolver um brinquedo que não lhe pertence.

43

O TRANSGERACIONAL – ENTRE A DOR E O ALÍVIO

A luta por encontrar fatores orgânicos para explicar emoções pode estar atrelada à necessidade de afastar a dor psíquica. Parece desejar dizer que a dor vem do aumento ou da diminuição de substâncias ou de um punhado de aminoácidos. Não que esteja errado; afinal, somos um corpo feito de matéria, mas não só disso. Temos um código genético, ele é importante, mas não nos define inteiramente. Também somos feitos de afetos (cultura e mistério, inclusive) em doses suficientes para não abrigarmos certezas. Tem quem ache que um amor pode vencer um gene. Eu acho.

Mas quem quer conviver com incertezas? Desconfio de que daí venha a luta, a ânsia da definição. E, no fundo, todo sofrimento se relaciona com outro sofrimento. Está em Hamlet, em Édipo, nos mitos, nas lendas e, sobretudo, na realidade, em que as pessoas enlouquecem umas às outras, e também podem salvá-las. O outro sempre me salva, como disse Ernesto Sábato salvo pelo outro. Ninguém sofre isoladamente, ninguém se alivia sozinho. Haveria sempre uma trama repleta de personagens que ora ajudam, ora atrapalham, e sempre fazem os dois. Difícil aceitar essa realidade – mais fácil preconizar que não é assim, mas assado, e sozinho.

O diabo é que admiti-lo significaria assumir que somos culpados. Sentimentos de culpa são constantes e – pior – doem mais do que a própria dor. No fundo, não somos culpados, porque o que dói começou muito antes de nós. Outros – que não genes nem substâncias – são os grandes responsáveis depois que outros, antes deles, foram responsáveis e assim para trás indefinidamente até que a ciência pense que defina ou a história o resgate, fazendo finalmente sentido.

O pior é que um vazio nos ocupa, o desconhecido nos ronda e por vezes nos assola. Ignoramos o início e o fim; justo nós, que queríamos tanto saber. Para decifrá-los, precisaríamos reencontrar o marco da atávica loucura, mas onde estão as pegadas, os traços? Fora das histórias, o essencial apagou-se no caminho e também dentro de nós, porque haverá sempre outra versão para compreender Hamlet, Shakespeare, Moisés, Eva, a filha, o filho, a turma toda. O que quer que se leia, aonde quer que se vá, não haverá uma resposta definitiva. Isso nos devora se não podemos contar com os outros, se não podemos contar para os outros que, estando juntos e ouvindo, trouxeram a dor e o alívio para Sábato e para todos nós.

Deus, medicamentos ou um diagnóstico bem dado fariam bem mais. Hoje, por exemplo, sinto uma dor infinita. Ela queima. Ao dizer "ela", eu digo que não sou eu. Só aí já ganho alguma distância e certa anestesia. Enquanto isso, ela procura desesperadamente um gene que a desvende, um medicamento que a mitigue. E, por um tempo, encontra.

44
A PSICANÁLISE DE CADA UM

> Hoje, após esses anos como paciente e analista, posso dizer que a psicanálise não traz respostas, mas incrementa a possibilidade de não estancar no meio de tantas perguntas. Com certa leveza e humor, ela estimula a não desistir de um punhado de utopias cravadas na realidade.
>
> Do autor

Naquela ocasião, eu vivia dois dramas pessoais. Era domingo. Talvez houvesse uma relação entre eles, e o sábado tinha sido de insônia. Eu estava lendo um livro, aguardando a hora de ir ao cinema e a retomada do trabalho – e da análise pessoal – na segunda-feira.

O celular tocou. Era um paciente, vivia um drama também. Conversamos um pouco e marcamos uma sessão extra para o dia seguinte. Tive vontade de que ele fosse ao cinema e lesse um livro. Queria que ele visse *O meu pé esquerdo* e lesse *A morte de Ivan Ilitch*. Eu quis contar uma piada para ele.

Fiquei pensando no cruzamento de ideias que me acometia. Sentia-me grato à ciência por poder continuar lendo e vendo filmes com o auxílio de lentes e por haver um relaxante muscular na minha cabeceira. Eu o usaria caso a dor não me permitisse dormir pela segunda noite seguida, de forma que, admitindo ou não, eu acreditava no avanço científico. Ele ajudava o meu corpo e o corpo de quem estava ligado a um de meus dramas, mas estava pensando mais na alma e me perguntei se, afinal, depois de tantos anos, eu ainda acreditava na psicanálise, já que ela própria estimula a dúvida.

Ao aguardar a passagem do lento domingo, ao manter a esperança na minha próxima sessão e na de meu paciente, eu senti que acreditava. Ao ver o livro na cabeceira, entre o jornal com o horário do filme e o relaxante, fui invadido pelo final da piada que fantasiei contar ao paciente e senti que havia construído a minha psicanálise. Sem pretensão de teoria, sem pretensão nenhuma. Simplesmente verdadeira, autêntica, minha.

Tal qual as demais psicanálises, ela se aproximava de quem somos e compreendia-nos como o resultado do encontro com o outro desde os primeiros outros, mãe e pai no que puderam e no que faltaram, aos "outros – outros" que os sucederam. Não que a minha psicanálise não buscasse o entendimento dessas primeiras e sucessivas relações, mas ela também apontava o alvo para outra direção. Continuava ali entre mim e os outros, porém mais detida, mais específica em sua amplitude. Ela via a capacidade de viver como resultado da aquisição, a partir desses encontros, de duas capacidades essenciais: a estética (poética, sobretudo) e a de rir. A função poética reencontraria o começo de mãe com bebê, onde se erigiu o que mais de concreto e abstrato havia de saúde mental. O riso consolaria a falta disso e era o que me salvava de um domingo e de uma vida inteira.

Eu não desvalorizava nenhuma teoria ou prática, mas sentia como ponto mais forte de minha psicanálise a possibilidade de resgatar o sentido estético (poético, sobretudo) e a capacidade de rir "apesar de" (Lispector). Eu sentia que a vida era um drama um tanto mortífero, e só o sentido poético e a liberdade de rir podiam torná-la mais viva.

Ri daquilo, depois fui ao cinema. Pensei em uma frase do Exupéry, que não era aquela de tornar-se responsável pelo que cativas, mas esta de que nos salva dar um passo e outro ainda. Eu me sentia capaz de ter e de transmitir esperança e, mais tarde, adormeci sem o relaxante muscular.

45

LIBERDADE, LIBERDADE OU A PRIMEIRA REAÇÃO TERAPÊUTICA NEGATIVA

> Que eu seja o que nunca fui,
> isto é, que eu seja eu mesmo.
>
> Luiz Sperb Lemos

Não sei o que me deu: eu quero dizer uma verdade. Não sei se o reencontro de uma poesia lá do começo, não sei se a chance nova de contar tudo o que sinto, já que agora alguém me ouviu.

O fato é que, se você consegue optar pela sua verdade, o entorno reage, cai de pau na sua cabeça e não adianta mostrar o coração: coração apavora, acirra os ânimos. Há liberdade na verdade, mas é muita coisa junta (em gente) que o mundo quase não suporta. Há uma fresta, você entra nela, está apertado, tem amor e criação (a segunda depois da primeira), ardem, é a vida, "muito prazer" – você diz.

Há tantos anos na vida e ainda não haviam sido verdadeiramente apresentados. Ela não responde nem aponta o caminho. Ela ainda não é civilizada ou belicosa. Ela simplesmente é. É complicado. Ela sugere sutil e bravamente que avances; avanças, mas o entorno quer matá-lo. A vida parada tem morte, ciúme, limite, fúria de quem não a agarrou nem avançou ou de quem é civilizado o tempo todo e não a pode quase nunca. De quem não narrou o suficiente, não se tratou de forma interminável e não vive de verdade. A vida é a loba da vida e quer te arrastar para antes da verdade e da liberdade.

Dói tudo, o músculo, a alma, o não sei o quê. O sono é entrecortado, você sua, repleto de pesadelos, acorda quando quer dormir, adormece quando deseja acordar. Você se lembra das Revoluções e esquece que imaginou um idílio com mar calmo e com a companhia do sol e do outro. Dá vontade de voltar a ser preso, você hesita, admite voltar, a maioria volta, a maioria nem foi, a maioria foi medicada, a maioria da minoria que foi, volta. Você não, e continua de verdade e de vez em quando até ri das perdas.

Você teve um ganho enorme: a verdade, a liberdade, uns segundos de visão do céu aberto, um instante de beijo verdadeiro, o reencontro de um grão de poesia do começo, uma história nova em folha, um sexo que nem se vê, mas se ouve envolto pelo amor verdadeiro.

Bastou suportar a dor, a insônia, a angústia, a fúria de si fora de si.

46
REAÇÃO TERAPÊUTICA NEGATIVA

Um de meus professores costumava dizer que tinha poucos casos de abandono e que seus pacientes raramente interrompiam o tratamento. Não parecia verdade absoluta, mas não arriscava demais na escolha de quem fosse levar adiante. É o que talvez eu me diga para edipicamente não me sentir tão menor do que ele.

A verdade é que no meio da estrada da vida, como diz Dante, tenho vivido dantescos abandonos. São justamente os casos em que se arriscou mudança maior. São situações em que a melhora inesperada coincide com o desejo irrefreável de suspender a análise. São verdadeiras reações terapêuticas negativas, sugerindo que a felicidade pode dar de cara com o seu limite, como a vida com a morte, o novo com o antigo, o positivo com o negativo, a história com o destino. E como é difícil deixar de ser binário, encontrar a nuança, o lugar central que nos permita transitar entre as pontas de tristeza e bem-estar... Como é difícil ser...

A cada novo caso, eu ainda me surpreendo, sempre e cada vez mais, como se fosse o primeiro. Na hora, em que pese o repetido, sinto que é agora, e, antes do fim da vida, entro naquele clima de Freud em *Análise terminável e interminável*, consciente dos limites de quem lida com forças tão extremas como os dragões do inconsciente e as garras do Supereu.

A alegria tem limites na espécie humana, e a repetição mortífera é hábil em erigi-los. Um ego parece leve demais para tamanho embate. Emoções pesam muito, e Freud tinha razão em relevar filósofos como Schopenhauer e Kierkeegard. De acordo com o escritor Antônio Carlos Resende, a vida pode ser uma merda, de forma que, diante de um caso bem-sucedido, desses que encontra mudanças importantes com ares de permanentes, mesmo sentindo o aroma de todo o não pouco trabalho realizado entre o ritmo e a interpretação – e foram dias, meses, anos contra garras e dragões –, não consigo deixar de sentir, ao ouvir um relato de alegria repleto de novidade, aquilo que os devotos não leitores de Freud, Schopenhauer ou Kierkeegard costumam descrever como um milagre.

Dessa forma, cada vez mais me convenço – eu, que cada vez menos me convenço – de que uma cura não existe fora de um clima ficcional, ao menos com esse termo. Trata-se mais de um ritmo quase inédito, como uma arte que subitamente surpreendesse o viajante ou um eco que cobrisse um som banal tocado há horas e que agora soa acordes harmoniosos pela primeira vez. Como se fosse realmente diferente. E é.

47
A PSICANÁLISE COMO ARTE

No meio da tormenta, o sujeito melancólico tem razão. Não é a razão fácil e democrática de Pirandello, em que cada um tem a sua, independentemente da verdade absoluta. Parece mais sólida. Quando o sujeito melancólico chora, é de chorar mesmo. Quando ele conta o seu choro, é de entender. Quando ele diz que tudo está horrível e há de piorar, basta olhar pela janela, tudo indica que vai, a hora caminha na direção do seu fim, o dia ruma para a noite, a vida anda, corre até a morte, e rebatê-lo poderia ser hipocrisia. O sujeito melancólico diz a verdade dos dias: "a morte virá" – ele completa – "e com morte, a rigor, não se discute". Seguido o sujeito melancólico permanece sem dizer palavra, e está mais certo ainda. Afinal, sem perdermos o rigor adquirido há algumas linhas, o que se pode dizer, de fato, diante de tudo que há e deixará de ser?

O sujeito crítico, no meio de seus argumentos, tem uma razão profunda. A arte é uma tarefa difícil, se não impossível. Vindo à tona, chega aquém, incompleta como a vida que tentou ultrapassar, fiapo da vastidão imaginada antes de ser concebida. Cobrindo a expressão, não há o telhado sem furos a que aludiu Tom Jobim. Em *Lígia*, canção perfeita na harmonia entre letra e melodia, salta (no mínimo) aos ouvidos a interferência enfadonha de uma penosa respiração do intérprete. Ela auxilia no quadro expressivo, costumam dizer alguns críticos, mas já entra no campo do debate. E o que dizer deste Hamlet que nos cala fundo há séculos a fio, espalha-se em linguagens novas, mas sempre levando de arrasto aquele personagem do espectro, deveras inverossímil aos olhos de outros críticos, que acrescentam que, a rigor, todos os ritmos falam de um desejo e deixam a desejar. Todas as histórias poderiam ser mais bem contadas.

Talvez caiba ao analista, sem mentir nem enganar – eis o paradoxo desse ofício –, criar junto com o sujeito melancólico uma ilusão, construindo, voo a voo, o esquecimento de que as coisas são assim e a lembrança que o mundo pode ser recriado. Não se trata de fugir da realidade – ponto central na obra de Freud –, mas vesti-la como na obra de Winnicott. O mundo pode sim ser retraçado com cores mais brilhantes, e há muitas belezas escondidas nos aparentes piores objetos.

Talvez caiba ao artista, esse recriador da realidade (o paradoxo), construir uma ilusão parecida com a da mãe e seu bebê. A rigor, ela sabe que a vida é terrível e não é cega à noite que passou nem ao projeto que agora é fato pequeno e pulsa e crescerá sofrendo até partir. Sem rigor, ela se regozija na manhã do descanso, escapa do *blues*, da depressão, e entra em uma alegria consistente e com par.

Tudo isso torna a psicanálise muito mais próxima da arte do que da ciência.

48
PSICANÁLISE ÚNICA, ORIGINAL

Se há sempre fundo com forma, a psicanálise é mesmo rompedora, da turma de questionar a lei e de romper a regra. De desobedecer, inaugurar, fazer revolução, ainda que por dentro. Subversiva mesmo.

A psicanálise não é um trabalho de fundo. No fundo, ela é óbvia, parte de princípios e tem um fim. Somos frutos de uma história de amor que vem da mãe, incluindo pai e demais cuidadores. Tem muito a ver com encontro no que tem e no que sobra. Tudo pode ser mais ou menos medido a partir do olhar e do desejo que recebemos, do quanto fomos tocados e banhados de leite, calor, gestos, melodias, palavras.

Também o que falta vem da mãe (amor não é linear, amor falta), e a obviedade continua. Aqui está a parte maior do embate ou daquilo que precisará ser contado por meio da transferência e ouvido diante de testemunha e companhia. É óbvio – embora neste campo nada seja –, avulta à primeira escuta e presente no começo de toda história. Basta ouvir e se escutará a invariante do tamanho de uma vida. No fundo, as vidas se repetem como histórias, mas histórias bem contadas se abrem para o mistério.

Como realmente chegar a isso? À peculiaridade da mãe? À originalidade da vida? Desenrolar o fio vermelho, original e único de uma história? Como atá-lo? Como desatá-lo no novo encontro? Desbastar amor e ódio?

Não basta ouvir, precisa ouvir o código, e o código não se repete. Não é exato nem objetivo; então, como acessá-lo? Reprocessá-lo?

No fundo, é impossível. Por isso, a psicanálise é mais arte do que ciência. No fundo, o fundo é o que menos importa. Ele trará o amor (o ódio) da mãe e do entorno onde algo sobrou e faltou. Ele decide a sua própria forma. É que nem música: as notas estão ali disponíveis desde a primeira partitura. "Adoro a melodia da tua voz", disse uma paciente a Melanie Klein, que era muito inteligente.

Parece importante combinar forma e fundo, como a poesia ou a função poética para Roman Jakobson. Ou como a interpretação, para Sigmund Freud. Tudo resta por fazer, liberdade decisiva depois da partitura. Para partir, para voltar. Por isso, ao contrário do que se pensa, a psicanálise não é óbvia nem vive das explicações que ostenta desde a primeira escuta. Ao se aproximar da música, da história e da poesia, vive em especial da forma, um código único e original, uma arte aberta e obscura. Para também soar como se fosse pela primeira vez.

49

FREUD NÃO EXPLICA, MAS SE IMPLICA

A psicanálise nasce com a descoberta do inconsciente e tem nela um de seus pilares, talvez o maior. Relacioná-la à "explicação" faz o maior sentido e gera incômodo. Em defesa de certo mistério (essência da vida e da arte), muita gente boa criticou e ainda critica a psicanálise. O escritor Elias Canetti via nela algo de pretensioso, não só por ele apostar mais fichas no social, mas por ter ojeriza ao fechamento de uma ideia. Outros intelectuais o acompanharam mundo afora e adentro. Julien Green amava e odiava a psicanálise e, por aqui, Paulo Hecker Filho não a via com bons olhos em sua prosa. Já Mario Quintana não perdia a oportunidade de zoá-la poeticamente.

A transformação do inconsciente em consciente a partir de uma interpretação (explicação) aparece nos primeiros trabalhos de Freud e, de certa forma, nunca desapareceu. A propósito, a expressão "Freud explica" pode ter nascido ali. A respeito disso, Sérgio Paulo Rouanet me contou uma história engraçada. Ao contrário de Canetti, Quintana e Hecker, ele sempre admirou a obra de Freud, em especial no aspecto literário. Quando foi dar um curso sobre ela, houve excesso de inscrições, e o filósofo precisou fazer uma peneira. Entre os candidatos, entrevistou uma senhora "muito perua" que, ao ser questionada sobre o seu interesse, disse apenas que adorava Freud. "O que, especificamente?" – Rouanet perguntou. "Não sei" – ele ouviu como resposta. "Algum conceito?" – insistiu. Ela pensou, pensou e concluiu: "Aquele de Freud explica".

A psicanálise também nasceu na dialética entre a vida e a morte, entre a presença e a ausência. Nada fugiria à dualidade, o que incluiu a ideia da explicação. Terreno fértil entre a arte e a ciência, "explicar ou não" cedeu espaço a muitas antíteses, mesmo fora da obra de Freud. Winnicott, por exemplo, priorizou o ambiente construído entre a mãe e o bebê, a escavação de espaços entre os dois. Lacan – e também Melanie Klein – realçou a importância de alcançar o simbólico e o imaginário. Bion enfatizou a metabolização dos conteúdos arcaicos, feita pelo aparelho psíquico materno (e pelo analista, na transferência), a muitas léguas da primeira explicação. Stern e os psicanalistas do bebê sublinharam a construção de envelopes pré-narrativos, em que o mais importante é estar junto, promover interações de qualidade, que daí as palavras virão naturalmente. Todos, enfim, abriram espaço para que o psicanalista investisse além da explicação: na vivência, no encontro, simplesmente sendo, encontrando.

Albert Ciccone utiliza o verbo "implicar-se" como prioritário, de forma que, paradoxalmente, a psicanálise tornou-se um lugar diferente do que já foi e ao qual, às vezes, ainda a atribuem. Ao contrário do que pensa aquela senhora, a psicanálise sabe que Freud não explica. A sua técnica cheia de arte apenas propõe um embate para os mais corajosos, ou seja, aqueles que conseguem a façanha de encontrar o outro, olhar para dentro de si e conviver com o deserto em que se pode pensar sobre tudo sem muito explicar.

PARTE 3

PSICANÁLISE E NARCISISMO

50
O AMOR NA PSICANÁLISE

> Filhos vêm para ser,
> Pais acompanham.
>
> Paulo Hecker Filho

Dedicada a observar como funciona o aparelho da mente, a psicanálise não trata especificamente do amor, mas ele está em grande parte dela. Ao nos traçar como frutos de forças inconscientes, ela as contabilizou como metade de morte e metade de amor. No princípio.

Misto de arte e ciência, a psicanálise não se esgotou nos primórdios de Freud. Seguiu aberta e, desde então, saudavelmente se duvida, corrige, acrescenta. Winnicott, por exemplo, chegou a duvidar da importância dessas pulsões. O psicanalista meio poeta apostou quase todas as fichas no ambiente sendo decisivo de como seremos. Ao descrever a essência de uma mãe suficientemente boa, ou seja, capaz de oferecer continência, sensação de continuidade e segurança, estava falando de amor, que é contextual.

As fichas de Freud nunca foram abandonadas, e o amor volta a cartaz em seus conceitos principais. O amor de Freud vem praticamente todo das referências literárias. Baseando-se em Shakespeare (Otelo) e, sobretudo, em Sófocles (Édipo), escapa ao amor romântico assim como à psicanálise inteira. Há quem diga que a realidade é a grande novidade em Freud e, em termos de amor, é mesmo. Afinal, em sua teoria ele conta que, na prática, o amor começa a dois, entre mãe e filho, e, pouco tempo depois (para Melanie Klein, antes ainda), enfrenta a dura realidade de ser a três, marcado pela rivalidade, pela disputa, pela exclusão.

Voltando à arte, em que tudo sempre é mais exato, no amor, é preciso esperar (Chico Buarque). A disputa e a espera nos estruturam, e também por isso somos condenados à neurose vida afora, pelo menos em metade de nossas vidas. Se a outra metade é de morte, a neurose pode chegar a 100%.

Winnicott, como todos nós, não quer ficar excluído e, lá pelas tantas, defende, em um paradoxo, a importância do começo (entre mãe e filho) como um momento de ilusão maior. Para ele, aquela mãe suficientemente boa é capaz de iludir e maravilhar o seu bebê como em um amor galanteador romântico qualquer. Mas estamos falando dos primórdios de Freud e, se o lemos um pouco mais adiante, sentimos o que ele pode ter cantado de mais pertinente sobre o amor. Afinal, nascemos de um desejo dos nossos pais, marcados pelo narcisismo, e esse narcisismo, marcado pelo desejo de que sejamos perfeitos, pelo menos no começo.

Na continuidade, Freud disse o mesmo da paixão. Pais querem filhos perfeitos, à imagem e semelhança de seus ideais jamais alcançados, o que valerá mais tarde para os amantes. O resultado em ambos os casos será uma enorme decepção, como em toda parentalidade, utopia ou ficção que se prezem ou acontecem fora dos filmes e das propagandas. Daí, talvez, o alto índice de depressões (maternas e paternas) pós-parto e de amores fogos de palha. Mas Freud oferece-nos aqui uma esperança. Ele garante que, em muitos casos, os ideais podem ser abandonados e é possível gostar-nos além deles, ou seja, do jeito que somos na realidade. Poder gostar de si do jeito que se é é para Freud o verdadeiro amor: frágil, forte, construído, destrutível. Neurótico, enfim, mas podendo amar antes de morrer.

51
TRÊS EIXOS E UM AMOR

Os estudos apontam três eixos para legitimar mãe e pai. O primeiro é jurídico: sou mãe, porque a lei diz que sim. Em caso de dúvida, é só consultar a certidão de nascimento, lavrada em cartório com firma reconhecida.

O segundo é biológico. Sou pai, porque transmiti os meus genes. Em caso de dúvida, basta fazer o teste de DNA. Neste mundo de tantos paradoxos, eis um caso raro de certeza quase absoluta. Apesar disso, chega uma hora em que a subjetividade aparece, e ali a ciência reconhece que há um terceiro eixo, este sim decisivo, apesar de incerto: o amoroso.

Não há lei que garanta ser mãe e pai. Há tanta maternidade extraoficial, tanto cuidado paterno sem documento, que o eixo jurídico está longe de ser cabal. Tampouco a biologia decide a parada com seus genes. Há tanta maternidade adotiva – talvez todas, que nada do que é orgânico pode assegurar o começo ou a continuidade de uma filiação, sempre mais afeita à poesia do que ao átomo. O amor, sim, assegura. Sou mãe ou pai, porque entre nós se criou um vínculo que fez o que somos: um, dois, carnais, cabais – adjetivo nenhum daria conta. Somos substantivos, é indescritível. Sou pai ou mãe porque te amo em meio à raiz, à história, à continuidade.

Ser amparado pela lei pode ser fácil e pela biologia (mais concreta), mais ainda. O amor é mais difícil quando pede um olhar, um colo, um cuidado, um amparo, ou quando se dá pronto para não receber e for imprescindível deixar ser. Ou quando encontra barreiras no confronto entre gerações. A própria ciência, em um acesso melancólico (mas realista), decretou que ser mãe e pai é impossível (Freud).

Quando vem o ódio, por exemplo, e o filho diz que não te ama, que não és a mãe ou o pai dele. No fundo, não se sabe por que ele diz isso. Talvez porque o ódio tenha vindo antes do amor que veio dele. Talvez porque o ódio faça parte do amor ou o amor, mais frágil do que o ódio, porém mais decisivo do que a lei e a biologia, precise testar o tempo todo. E, provavelmente, porque o filho está vivendo a possibilidade de libertar-se desse amor e ir a outro, e não se sai sem raiva como não se chega sem esperança. Depois, ele volta para partir novamente. O amor não é seguro nem incondicional. O amor é muito inseguro, embora não exista segurança que não venha dele.

Pode estar aí o desafio maior: banido de incondicionalidade ou de narcisismo em demasia, continuar amando quem afirma que não ama e, diante do ódio, guardar sem garantia o amor que se vai. Amor não é afirmativo. É apenas vivido, ou seja, feito de mortal eternidade. Nessa hora não tem lei que ampare, não tem biologia que console e nem ciência que explique. Nessa hora, só com alguma arte e muito amor.

52
A QUEDA PARA O ALTO – DO NARCISISMO AO AMOR

Diogo Mainardi às vezes é arrogante. Quando se arvora em justiceiro, por exemplo. Pior, em dono da verdade. Parece então que se sente e se pensa superior à humanidade. Aí prioriza a polêmica ao fato, o efeito ao bom senso, a repercussão ao humanismo e aqui parasita o erro alheio. Assim atuou com frequência como colunista, fazendo do ataque a sua defesa. Também fez quatro romances na mesma batida, com renovação (bem-vinda) na linguagem, mas buscando atacar um país para, talvez, repercutir. Como pai desses romances, volta e meia, reconhecia seus limites e ficava, então, melhor.

Diogo participa do programa de televisão *Manhattan Connection*, em que oscila entre a humildade e, a meu ver, a arrogância novamente. Seus melhores momentos estão inundados de um humor culto, ferino, inteligente, quase no mesmo tom de *A queda*, seu livro mais recente. *A queda* não é uma reunião de colunas nem um romance, e conta a sua história como pai de Tito, seu filho mais velho. Tito nasceu em 2000 e sofreu uma paralisia cerebral, fruto de um erro médico na maternidade de Veneza.

Pais são sujeitos que voltam a ser arrogantes. O nascimento de um filho provoca uma transparência psíquica, os tempos se confundem por dentro, as camadas do inconsciente voltam à tona e se entrelaçam por fora. Mãe e pai reencontram, inevitavelmente, o bebê que foram: frágil, à mercê, dependente. É preciso onipotência para defender-se disso, pai e mãe já não podem ser humildes. O tempo ajuda, mas, se o filho é muito doente – ou morre –, fica ainda mais difícil. Pais precisam de espaço para perder a arrogância e deixar o bebê em paz para ele crescer de novo. É o tempo de aceitar a imperfeição, e mais: convencer-se de que a perfeição não existe, e que a vida nem gostaria dela. Somos todos imperfeitos, do nascimento à morte. A utopia é uma ilusão que pode ir à arte, à religião, mas não à vida em si. A promessa de que viria por meio do filho não se cumpriu e não se cumprirá jamais. Fomos e seremos meio doentes e muito mortais para sempre e sempre, na realidade, é breve.

Diogo, em *A queda*, cavou esse tempo e escreveu um livro sensível, apontando, com o afeto no gatilho, o alvo para a pintura, a renascença, a medicina, o cinema, a história. Ele acertou em cheio ao falar do vazio de um pai em confronto com a sua dor original e a de seu filho. O pai de um filho doente e que aproveitou a talvez única chance de superar a parte mais nociva do humano e inevitável narcisismo de todos nós. Aqui o autor se levanta e quase atinge a utopia, em um feito de humildade que alcança o grau zero de arrogância, reconhecendo a fragilidade para tornar-se forte: "Eu sou a formiga de Tito. Suas quedas recordam-me permanentemente da precariedade e da transitoriedade de tudo o que eu tentei construir".

Nesse livro vivido, Diogo varre como poucos a falha, dribla a efemeridade e consegue contar a história de um amor.

53
PRESENÇA, AUSÊNCIA E ADOÇÃO

> É fácil explicar, sabe, mas é fácil porque na realidade não é a verdadeira explicação. A verdadeira explicação simplesmente é impossível de explicar.
>
> Julio Cortázar

Sem mãe é impossível atravessar o dia. Então, a moça que perdera a sua foi buscar outra para substituí-la. Não é fácil achar uma mãe. Para quem não teve, é como para quem teve: muito difícil encontrar em uma pessoa só. Talvez até impossível, pois quem ainda não teve, já morreu. A moça que a perdera pegou as pernas da mãe no pai. Não eram grossas nem muito peludas, o que ajudou um bocado. Os braços ela pegou na acupunturista (ela sentia dor nas costas, dor de sem mãe).

Os pés – pés de mãe são fundamentais como o olhar – ela encontrou em uma atendente de farmácia. Não foi simples, porque era a plantonista da madrugada (como as mães). Trabalhava de sandálias, sentia muito sono e chegava a subir escadas para achar o produto na prateleira. Mas a voz era de veludo, voz de mãe.

Agora precisava riso e olhar, difíceis de achar, mas duas amigas observadoras e sorridentes resolveram facilmente. O entusiasmo de mãe ela encontrou em uma vizinha, mas não era muito, e teve de complementar com o de um cachorro e dois gatos. Os bichos não têm ambivalência e, por isso, podem ser mais maternos do que a própria mãe, pelo menos em termos de entusiasmo. Só a tartaruga contribuiu pouco: o olhar da tartaruga era de mãe deprimida, embora maternal ainda. Já o cão transmitia aquela sensação (materna) de completude e incondicionalidade.

Agora já tinha alguma mãe para atravessar o dia. Isso, mais a lembrança do pouco de mãe que tivera, e podia continuar a vida inteira. A mãe não estava totalmente pronta, mas o suficiente para a moça contar com quem lhe mostre a beleza da vida e a proteja do medo da morte.

54
ANTIPSICANÁLISE COM IRONIA

A tecnologia está apontada para o começo da vida. Já não precisa dar tempo à doença, esperar a idade, os desgastes. Pode sim antecipar-se e o vem fazendo com competência. Alvo? O início. Os bebês só não agradecem porque não podem falar. Falassem, diriam "obrigado por olharem para nós, mas nem precisava ter olhado". Babás eletrônicas estão superadas, modelos novos são acoplados a aplicativos (basta um iPhone de última geração), e as crianças são monitoradas a longas distâncias. Dispensável a instalação de um *chip* nas canelas dos pequenos. Dispensável estar em casa. Pode-se retomar o trabalho sem pressa – licença-maternidade, qual o quê! –, os bebês estarão bem cuidados. Não é mais preciso olhar para eles.

Quanto ao banho, inventou-se um dispositivo que dispensa segurar os bebês. Ajeita-se o pequeno corpo na banheira – há diversos tamanhos, dando conta da diversidade. O grau de segurança é máximo ao superar os limites humanos, e há outro equipamento sobressalente, impedindo que a água inunde o rosto. Não há risco de engasgo, afogamento ou mal-estar nos olhos. Os avanços continuam, a troca de fraldas que aguarde... Não precisa mais tocar os bebês.

Sofisticados são os recursos de áudio e imagem, incluindo canais fechados com uma programação variada, interativa e digital de alta definição. Entre as novas tecnologias e seus eletrodomésticos, vendidos a preços módicos e parcelados, há um repertório vasto para se contar histórias e cantar cantigas para o bebê. Não precisa mais falar diretamente. Não precisa corpo presente.

Há estudos discordantes que alertam para os efeitos colaterais dessa parafernália. Que a saúde humana dependeria de olhares, de toques, de sons reais e não virtuais. Que a falta disso provocaria vulnerabilidade no desenvolvimento do sujeito, abrindo a porta para transtornos mentais. Todavia, os protocolos de pesquisa acompanham a complexidade da tecnologia e não há escalas, evidências ou números que o comprovem. O progresso, sim, é uma realidade. Caso algo tenha escapado às pesquisas e observemos futuramente um aumento de adultos deprimidos, hiperativos, ansiosos ou bipolares, a indústria farmacêutica, pelo que já vem apresentando, está muito bem preparada para lidar com a situação.

55
QUE BEBÊ NÓS QUEREMOS?

Que bebê nós queremos? é o título da crônica. É como o nosso nome: não o inventamos. Quando damos por nós, somos chamados por ele. Queremos o bebê saudável de um mundo autossustentável, etc., mas isso é invariante. Os bebês são pura intersubjetividade, cada bebê é único, mas ali estava o título, sólido, inconsútil. Que bebê nós queremos?

Acho que gostei porque pensei em coisas boas, como na questão do desejo, talvez a fundamental. A grande pergunta, talvez a única: O que queremos? Pensei em Derrida e na importância de desconstruir. Em Winnicott e na construção das mães e, então, passei a destruir o título. Pensando em nascimento, decidi matá-lo.

Só um título suficientemente bom o permitiria, e uma turma me dava a permissão do assassinato: Freud, Derrida, Winnicott novamente e, sobretudo, a mãe suficientemente boa que olha, toca, manipula, deseja e se deixa atacar pelo bebê. Então, destruí o título, pensando outra vez no Freud de sua majestade (o bebê), deixando claro que este é o bebê que queremos: perfeito, mítico, ideal, redentor, capaz de pensar o que não pensamos, de sentir o que não sentimos, de fazer o que não fizemos e de suplantar todos os nossos defeitos.

É o bebê que queremos quando não pensamos. É o bebê que queremos quando não sentimos. É o bebê que queremos quando não podemos falar do que pensamos e sentimos, ou seja, quando não nos tratamos, seja com arte, seja com vida, seja com psicanálise – esse misto das duas. Então, acabei com o título porque queremos o bebê e ponto, mas, para chegar à síntese quase budista ou japonesa (o haicai) desse querer, nós trilhamos muita estrada, como um pintor que tenha praticado o figurativo antes de alcançar o abstrato. Contamos muito a nossa história para que ela continue e mude e para querermos o bebê como ele é e deixarmos de querer que seja isso ou aquilo de cor, de credo, de tudo.

Morto o título, agora queremos que o bebê queira por ele. De tanto contarmos e tratarmos, de tanto encontro entre ciência e arte e entre vida e vida, conseguimos destruir o título como por dentro o bebê destrói o seio e o repara, como o adolescente destrói os pais e cresce, como o paciente destrói seu analista e avança enquanto todos sobrevivem a esses assassinatos necessários.

Que bebê nós queremos? Queremos o bebê que amamos e nos damos ao luxo de concluir falando de amor. Haveria um final mais feliz? Um bebê querido que agora possa querer por ele mesmo, e o que quer só ele sabe. Aguardemos, portanto.

56
SAUDAÇÃO AOS HEREGES

A história é importante. A história da palavra, também. A palavra heresia, por exemplo, ou quem a comete, o herege. Mais conhecido como quem rompe com a religião ou com a política, portanto, a ser punido – banido, talvez. Todos nós conhecemos bem a história. Conhecemos?

Ao conhecermos a história da palavra heresia, passamos, como de hábito, pelo latim e chegamos à Grécia. Em grego, heresia é escolha. Nesse sentido, escolher é arriscado, pode significar romper e sofrer represálias. Faz sentido. A vida, de certa forma, começa vertical, autoritária entre pais e filhos. A decisão de ter um filho é polêmica. Suspeita-se que uma escolha como essa, por mais consciente que pareça, está repleta de mistérios. Freud deu-se conta de que, por detrás do desejo de ser mãe e pai, havia o de se reparar no filho. Por isso, chamou os bebês de majestades. Eles viriam ao mundo para viver o que os pais não puderam e para atingir a perfeição não atingida por eles. Não há escolha, pelo menos no começo.

Freud define o amor como a possibilidade de abrir mão disso ao dar-se conta de que o filho tem vida própria. Logo, ele não veio ao mundo para reparar ou consertar e sim para ser ele mesmo. Logo? Isso de deixar em paz leva um tempão, uma vida inteira e, às vezes, nem acontece. Mas, passado o período inicial de dependência absoluta, o bebê crescido já deseja escolher. Essa possibilidade acompanha o crescimento e atinge o seu auge na adolescência, desafio maior de renunciar aos majestosos pedidos dos pais a fim de exercer seu próprio direito de escolhas.

Portanto, o sentido atual de herege recupera a sua origem, pelos menos na nossa cultura. Porém, muitos não toleram a liberdade que, na imensa maioria dos casos – se não em todos –, frustrará o desejo inicial dos pais, aquele de quando os filhos pareciam não ter vida própria. Nesse caso, capaz de optar sem atender à expectativa do outro, o filho torna-se mesmo um herege a ser punido e banido, já que não pôde ser domesticado, a não ser que os pais consigam abrir mão do seu desejo e aceitar o do outro. Ou, como disse Freud, amar.

Por vezes, o fazem contra a cultura e sempre contra o narcisismo. Aqueles que conseguem mal disfarçam, entre a alegria e a tristeza, um terceiro sentimento não menos importante: o imenso orgulho de terem alcançado o sucesso de contribuir para a criação de um herege original.

PARTE 4

PSICANÁLISE, POESIA E INTERAÇÕES PRECOCES

57
SÓ A POESIA VENDE

A poesia assusta ao vir em estado puro. Embriaga. É como a cachaça fora da caipirinha. A maioria não quer, e quem quer costuma afundar, afogando-se no excesso. É como a tristeza e a angústia. Ninguém deseja, mas, sem um tanto delas, não se realiza o grande trabalho nem se vive o amor verdadeiro. Por isso, talvez, a maioria não crie com frequência, não vai a fundo e pede para ser medicada.

Triste e real perspectiva. A epifania fica para poucos, escasseia a liberdade de uma vida com arte. É o que se pode, mas não deveria. A poesia como ritmo é necessária. Como metáfora, deslocamento e, sobretudo, emoção, olho no olho. Ela promoveu o primeiro encontro entre a mãe e o bebê. Promoveu o segundo e todos os outros, inclusive o último. Ela permitiu a separação, o reencontro, o crescimento. Mergulhou no sentimento e botou o sal na vida como a gordura na carne. A vida sem ela torna-se músculo seco. Ser bebê é difícil e fascinante por causa da poesia.

Há outro problema se ela falta. Aprender é entrar em sintonia com quem ensina e, ao ensinar, se aprende. Duas óperas se cruzam com ênfase na melodia para fazer uma terceira e original. Aprende quem mergulha nos sons do afeto. Nada disso é explicativo, teórico ou distante, porque vem antes, emoção poética. Só depois, no finalzinho, recebe as palavras, dispensáveis, porque sem elas já se havia aprendido.

Palavras cada vez mais utilizadas no mundo criativo dos negócios, mas não pelo executivo da hora ou por um ministro da economia e seu conteúdo de números. Na forma, o *folder* colorido, o PowerPoint® mirabolante, a tecnologia espetacular e a ilusão de que o concreto vende. Esqueceram-se do olhar, do estar junto sem a intenção do convencimento ou da utilidade. Com poesia.

Ninguém compra poesia. Poucos a suportam em estado absoluto. É como aguentar um bebê chorando a tristeza, a angústia, a verdade, mas, ao se livrarem delas, ignoram que sem tristeza não há amor, sem angústia não há criação e sem verdade não há encontro nem negócio. O negócio é um amor desesperado, amando ainda. A prosa vem de lucro, consequência. Poucos encaram o silêncio e esperam passar a dor até que venha a parte alegre da canção.

O produto interno bruto e as vendas externas cresceriam se seus envolvidos lessem mais Mario Quintana e menos Adam Smith. Ninguém compra, mas só a poesia vende. No entanto, ela dói, angustia, e a maioria prefere não arriscar nem ampliar os negócios. Propõem o ameno, a aparência, a conversa fiada. Adiam a grande porrada e, em nome do alívio, vão levando a vida a meio pau com vazio, explicação e medicamento para sedar a sensação de morte que só a poesia poderia aplacar novamente.

A POESIA AJUDA

Desde cedo, eu li muita poesia. Não sei como começou. Acho que com a mãe, com a negra Maria e com a vó Branquinha quando eu era bebê. Mas isso vem da teoria que eu li depois. A poesia, para mim, sempre foi prática. Acontecimento visceral.

Lia por ler. Lia porque gostava. Não tinha a noção da importância, pelo contrário: lia pela inutilidade, pela "desimportância". O dia, os pais, a escola impunham obrigações, e a poesia desobrigava, deixava livre, um brinquedo como qualquer outro do tipo jogar botão, bola, bater figurinha, andar de carrinho de lomba. Não era de ajudar, mas de viver.

Nunca imaginei que a poesia pudesse ajudar tanto e teria a ver com o mais importante da medicina, da psicanálise, do amor. A medicina que eu fiz não seria digna sem poesia. Seria técnica, fria, e a psicanálise, também. A fundação delas era poética, igual a quando a vida começou. O amor nem aconteceria. O que seria dele sem a poesia do amor, escrita ou olhada, vivida ou contada?

Ia lendo muita poesia e logo passei a ler os grandes. Eu os encontrava nos sebos do Centro justo nas horas que eram poéticas e minhas. De leitura em leitura, percebia peripécias na imagética de um Drummond, nas metáforas de um Bandeira, na complicada simplicidade de um Quintana, no Gullar e em sua vida posta na palavra, como depois eu tentaria como poeta e analista. E tinha as traduções dos gregos, dos franceses, dos ingleses. Eles foram a minha Bíblia, as minhas obras completas de Freud. Há livros inteiros dentro de mim, em compartimentos ou misturados, versos, versículos, teorias práticas. Logo deu vontade de ser como eles, fazer o que eles faziam como quem imita pai, mãe, irmã, amigo. Queria até superá-los tal qual um menino ao craque, daí eu lia e imitava. Não me faltava, modéstia à parte, sensibilidade e inteligência para isso. Também não me faltava, modéstia inteira, a convicção de que eu nunca chegaria naquele patamar tão elevado. Havia limites afetivos, geográficos, linguísticos, mas isso não era motivo para não tentar ou perder a esperança. Sonhava com a criação do grande texto como o jovem boleiro sonha com o Barcelona a que nunca irá de fato e ao qual já chegou sonhando.

A consciência do meu tamanho levava-me a uma escolha desenhada desde o começo. O melhor que eu poderia fazer era fazer do meu jeito. Também nisso a poesia foi decisiva: ela me ajudou a ser eu mesmo. Como a psicanálise.

59
A PESSOA

Desde criança, aprendi a cultivar a tolerância e a me defender do preconceito. Acho que a lição veio de casa, porque o Derrida ainda não tinha falado em hospitalidade ou em respeito ao outro, pelo menos não para mim. O que faço é longe do ideal, mas costuma funcionar. Sem ser religioso, tenho amigos devotos, incluindo um padre, um pastor e um rabino. Aprendo muito com a cultura que me alcançam. Tenho fé de que nos tornamos melhores depois de encontrar alguém diferente. Ninguém é igual.

Também entro pouco no mundo dos negócios e negocio o mínimo necessário para tocar meu negocinho. Mesmo assim, presto atenção no que contam as empresas. Elas agora dizem que a seleção de executivos não está mais só de olho nos "melhores alunos". Já não basta estudar em faculdade de prestígio, tampouco mostrar alto desempenho. Notas dez estão meio em baixa. Durante o processo, avaliadores procuram a pessoa dentro da pessoa e vasculham as entranhas onde há, especialmente, afetos. Desejam saber que ser humano é o candidato. Sentiram que importa menos alguém inteligente que deixe a desejar nas emoções. Conta ainda uma segunda língua – inglês, de preferência. Somam pontos o espanhol, o francês e até o mandarim, mas nem tudo é número. Ser poliglota já não tem o mesmo peso: mais vale uma língua no coração do que duas na cabeça.

Não pega bem calar-se com frieza, se dar mal com os outros, ter pouca empatia. Indispensável saber relacionar-se, conversar, estar junto, pensar além da informação, hoje disponível a qualquer clique. O domínio da tecnologia está cada vez mais importante, mas não são menos relevantes as poesias lidas, os romances percorridos, as músicas escutadas, as idas ao cinema. E aos parques. Antes disso, as amizades que guardamos. Antes ainda, os cuidados à criança que fomos e a atenção ao bebê que de certa forma nunca deixamos de ser.

Eu desconfiava. Agora, sou informado por amigos empresários que cultivo desde aquela tolerância anterior ao Derrida. Só não me contaram o que vai dar de tudo isso. Se vai acalmar a selva da vida humana e tornar o mundo mais respeitoso. A considerar o atendimento das companhias telefônicas, não ainda. Porém, a criança eterna dentro de mim já se enche de esperança.

Ontem fui caminhar na praça. Perto do pipoqueiro, tinha uma mãe fazendo bilu-bilu na filhinha. Ela produzia umas cócegas de tão alto nível que me deu vontade de sentir também. Qualidade total de carinho. No meio das gargalhadas, lançava um olhar tão intenso que parecia cumprir todas as metas. Ficou. Senti em mim aquele olhar (estou sentindo ainda). Só depois de um tempo voltei a pensar, e pensei que a guriazinha talvez nem precise aprender inglês quando crescer. Se eu fosse dos recursos humanos, guardaria a vaga para ela.

60
O CORPO E O PARADOXO

Freud tinha razão: a mente é frágil. Em meio a tanto sentimento, o corpo, mais ainda. Ele é vulnerável para lidar com a complexidade da vida e nem chegamos à morte, sempre de olho desde que ele nasceu. Cada paradoxo que aparece faz doer a cabeça... Uma só cabeça e tanto paradoxo. Fazer, contemplar, sobrar, faltar, há infinitas perguntas e nenhuma resposta definitiva. Reflete-se profundamente ou relaxa-se, veio uma resposta finalmente, mas logo se relativiza – pode não ser bem assim. Os pulmões sentem as altercações, respirar é difícil, o sangue acusa o golpe, o pâncreas vacila, a biles reage, o apêndice nem existe mais.

A mente é frágil, mas tem o que fazer com o medo. Pensa nele e, sobretudo, o sente. Cria, até, mas o corpo vacila com medo, chama a mente, ela acode – mas como salvá-lo? Os olhos precisam olhar, mas há poeira. Os ouvidos precisam ouvir, mas há zumbidos, falsos alarmes, doenças verdadeiras. Então, a medicina vem acudir, mas ela é humana, tem paradoxos, falta de respostas e, além disso, possui intenções duvidosas: também não passa longe do bem e do mal. Chega impondo regras, decretando estéticas, obrigando cortes, produtos, gastos. Pobre corpo faminto, ele sente dor, e se afoga em suor enquanto o tempo continua a fustigá-lo.

São lindos os rins, embora eles sejam só dois. Pior para a bexiga, que completa solitária o seu trabalho excretório. Há algum humor na vesícula biliar, mas não o suficiente. O cérebro é magnífico, mas único. Há certa lógica no fígado, muito ritmo em ossos e músculos, mas pobre coração! O amor vem, o amor não vem, o amor veio, o amor se foi, o amor pode voltar, a esperança nem sequer possui um órgão específico para ela.

Dois átrios, dois ventrículos já não bastam. São poucas coronárias, tamanho é o amor. "Que covardia", comenta a mente sem ter muito que fazer. Falasse diretamente, o corpo talvez expressasse a impressão de que está para sucumbir e, quando o fizer, dias e noites depois de tanta ameaça, a mente continuará funcionando feito uma lagartixa que se move sem o rabo. A mente vive, o corpo sobrevive e tem a comida ruim, o frio, as quedas, as esperas, as distâncias, os maus-tratos.

Um corpo que se despe para amar é um verdadeiro milagre. A mente contou com as ideias, com o sentimento, com o pensamento, com a mentira. O corpo, só com ele mesmo. Agora, no ambiente inóspito, encontra outro e chega ao amor como um sobrevivente, um lutador, um vencedor e abriga outro corpo no momento máximo da existência, quando até a mente é coadjuvante e dois corpos se adentram no pequeno espaço que precisa alargar-se para abrigar o mais novo paradoxo: o corpo, afinal, é forte.

61
A PRIMEIRA PALAVRA

Maria chegou. Recém-nascida, com frio. Pouco cabelo, muita gengiva e lágrimas. Aqueceram-na. Acalmou-se. Quase sorriu. Faz tempo e fazia mais tempo ainda que a esperavam. Não eram quarenta semanas, os nove meses previstos no calendário. Esperavam-na antes de fazê-la, não se pode datar direito.

Antes de fazê-la a sonharam, e o sonho também não cabe em número. No sonho, era perfeita do corpo à alma. Na realidade, veio imperfeita da alma ao corpo. Por isso, havia um silêncio em torno, interrompido por histórias e canções. As histórias e canções restabeleciam a perfeição. Elas abriam o caminho da tolerância. Cada melodia em tudo que é tom! Dó maior, ré menor, si mais ou menos. Cada história e personagem! Uns bons, outros maus (mais ou menos não, por enquanto).

Depois (e também antes e durante), Maria foi olhada com muito gosto, mais gosto do que desgosto. Os olhos em torno eram como pires de tão largos e estavam molhados, sorridentes. Dava prazer ver Maria com aquele olhar apontado para o começo, ou seja, para a continuidade. No rosto dela via-se tatuado: acabou o fim ou foi adiado. Na Maria, tudo recomeçava.

Então, ela foi tocada. No colo da mãe, havia o encaixe perfeito. No do pai, um pouco menos, mas encaixou, e tinha colos sobressalentes de vô, vó, tio, madrinha, padrinho, vizinho e comunidade, porque a Maria dava descanso e cansaço em todo mundo. Olhar, falar e tocar resumiam Maria sem resumo. O resto eram detalhes, como alimentá-la, aquecê-la novamente, limpá-la quase sempre. Ela até começou a rir depois de muito chorar.

Só depois de um tempo é que Maria falou a primeira palavra. Há controvérsias sobre qual foi; mãe, pai, madrinha, irmão, padrinho – cada um puxava o sentido para as suas letras. Pesquisá-la foi tão difícil que deixei as pessoas (eram ambíguas) e conversei diretamente com as palavras. Elas, sim, poderiam contar a verdade, mas não queriam falar disso. Para elas, tanto fazia chegar antes ou depois, queriam apenas contar uma história (eram palavras) e me contaram a da sua própria chegada. Elas aguardam muita história sem palavras como as de Maria e muito sonho, olhar, melodia, toque. O silêncio não as assusta e sabem estar nele, esperando. Contam que são mais pacientes do que as pessoas, e, ao chegarem, chegam a ser dispensáveis, porque, na tinta dos afetos, tudo já estava escrito antes.

62
O PAI NA MÃE

O Winnicott, psicanalista com a benção da poesia, apostou todas as fichas no começo. Para ele, tudo começava em casa para nós, mais precisamente na mãe, e os olhares deviam se dirigir a ela, guardiã do olhar decisivo e duradouro. Antes, Freud, outro cientista meio poeta, havia dado ao pai o direito de salvaguardar a mãe. Já não era pouco, mesmo se ela fosse muito, se não tudo. Depois, Lacan, outro cientista poético, assegurou o dever desse pai de garantir o terceiro, o nome da lei, como quem dissesse que os protagonistas precisam dos coadjuvantes e, na grande casa, todas as portas importam.

Cientistas e poetas felizmente vêm se sucedendo. Eles revisam versos e ideias. Não estão apartados da cultura sempre em movimento. Hoje as mulheres adentraram o mercado de trabalho. Elas rompem tabus, preconceitos, exclusões. Felizmente. Produzem mais, criam mais (além dos filhos), obtêm melhores salários e reconhecimento. Somam, multiplicam, contraem também mais infarto, estresse, câncer de pulmão, infelizmente, mas a morte é da vida, e o saldo é muito bom. As mulheres estão mais paternais sem perder a maternidade e a feminilidade.

Já os homens não sabem o que fazer. O que fazer senão seguir fazendo, até tranquilizar-se de que, no encontro entre as pessoas, espaços não se perdem, mas se somam... É possível seguir trabalhando, produzindo e também maternar. Quanto mais gente, melhor, e vale muito a rede, o grupo. Os homens, afinal, estão mais maternos. Tudo então se reorganiza com sentimentos mais complexos, sem tirar a razão de Winnicott, Freud, Lacan e de novos cientistas-artistas, como Le Camus, que publicou um tratado sobre as novas e complexas funções de um pai – e são tantas, embora Drummond as tenha resumido já na mãe: amar.

O cronista dá também o seu pitaco e aponta para a hora H. Não tenho estofo para explorar as causas. Podem vir do ventre, da placenta, do leite, do mais profundo mistério, mas, quando a coisa aperta, a mãe decide. Para ela, voltam-se o olhar, o gesto, o toque, as palavras ou, simplesmente, as lembranças. Mãe é o berço e o ferrolho, a base e o fundamento. Mora nela o começo, a continuidade, o retorno, mas sem idílio, porque estar a dois seria tão enlouquecedor quanto estar sozinho, se não mais. Portanto, mães, humildade e clemência. Parabéns pelo poder, mas não se deve abusar. Ainda conta muito a humildade de acolher um pai.

63
PSICANÁLISE, POLÍTICA E INTERAÇÕES PRECOCES

> Saia do meu caminho, eu prefiro andar sozinho
> Deixem que eu decida a minha vida
>
> Belchior

Supondo que há uma analogia entre as relações de filhos e povo e de pais e Estado, respectivamente, podemos avançar o texto. Também convém pensar que a psicanálise é libertária em sua natureza. Ao buscar a verdade das primeiras relações, revela o quanto ela não é submissa e, do individual ao social, entra em sintonia com os protestos de uma população contra o seu Governo.

A qualidade do relacionamento entre filhos e pais pode variar entre dois extremos. Um, o grau de submissão absoluta, em que há excesso de dependência e falta total de autonomia. Outro, um funcionamento onipotente, narcisista, autocentrado, como se não precisássemos dos pais quando somos pequenos ou de outros quando crescemos. Nas duas pontas, encontramos interações precoces afetivamente carentes.

Já o meio-termo de qualidade se decide, segundo a psicanálise (ou, melhor, segundo a vida), de acordo com o grau de empatia (de amor) presente nas interações primeiras e ulteriores, retomadas nas transferências. Quanto mais atendida em suas necessidades objetivas e subjetivas, mais a criança poderá construir um vínculo de que prescindirá futuramente para ir à busca de novos vínculos, em uma relação com menos dependência e em uma vida com menos onipotência.

Nesse caso, a criança escapará dos extremos, não se submetendo aos pais e indo para outros amores, para o trabalho e o pensamento livre, lá onde a liberdade absoluta também não existe, porque em parte depende do outro para a sua realização. A criança aprendeu a dura lição de que não pode ser sozinha nem sufocada. Daí a luta constante para achar a ótima distância de seu tempo e seu lugar como um trabalho narrativo.

Respeitadas as premissas, fazemos a hipótese de que calar-se diante da corrupção de um país, das más condições de seu transporte e saúde equivale a paralisar-se diante de pais que trazem um ambiente insuportável. Nesse sentido, os protestos da população brasileira em 2013 podem equivaler ao movimento de um pensamento livre ou a sentimentos não engessados pela autoridade e suas falhas básicas.

No mesmo sentido ainda, desconhecer que houve avanços nas últimas décadas com a diminuição da miséria e a inclusão dos mais pobres na universidade pode significar a necessidade de que, façam o que fizerem, mãe e pai (Estado, na transferência) nunca estarão fazendo o suficiente em sua impossível tarefa parental (Freud).

Por sua vez, protestar de forma violenta e apartidária, acreditando que o radicalismo individual ou a simples expressão da queixa, sem a elaboração de outras medidas coletivas, poderiam trazer soluções mágicas, evoca outra vez a onipotência apartada da realidade.

Aqui se retoma o clima utópico do começo da vida, espécie de idílio de uma relação a dois com a mãe e de uma ilusão de que nada falta. Mas tudo isso, quando presente, dura pouco tempo, e logo vem a ausência, o pai, a disputa, processos importantes para a psicanálise e, sobretudo, para a vida preencher vazios com arte, histórias, compreensão (o trabalho analítico).

Voltamos, portanto, à empatia (amor) inicial, com a hipótese de que quanto mais ela estiver presente no começo, mais filhos e povo podem avançar em seus protestos e ações inevitáveis diante da autoridade, como, por exemplo, na adolescência.

Claro que psicanálise e política são vastas demais para partirem de duas premissas e chegarem a uma analogia irretorquível. Ambas já ensinaram que há múltiplos sentidos nos sintomas e nos fatos políticos, verdadeiras obras humanas e abertas.

Apenas destaquei uma possibilidade. Convém não se submeter ao que ela diz, mas também não duvidar radicalmente.

64
O SINDICATO E A PSICANÁLISE

Tive um encontro com o pessoal do Sintrajufe-RS, o Sindicato dos Trabalhadores do Judiciário Federal do Estado do Rio Grande do Sul. Ali estavam o Paulo, o Reginaldo, a Ana Paula e mais uma fotógrafa de cujo nome não me lembro, mas que vai me perdoar, pois é fotógrafa e prioriza as imagens aos nomes.

Eles desejavam me entregar um troféu chamado Palavra Viva, que chega à nona edição depois de acolher muita gente mais escriba do que eu. A ideia é homenagear escritores que, depois de botarem palavras nos livros, tiram-nas do papel, botam na garupa e saem por aí a garimpar novos pequenos grandes leitores. O escritor Caio Riter faz parte da trupe.

Homenagens à parte, o que interessa inteiramente é o que me contaram. Eles me contaram que a filosofia do Sindicato tenta romper a prática habitual e inventar moda, no melhor dos sentidos. A turma almeja transcender o objetivo principal da categoria, que é lutar por melhores salários e condições de trabalho mais dignas. Não que abram mão disso, mas eles vão além, lançando-se de corpo inteiro ao promoverem oficinas, em um leque amplo que inclui música, dança, teatro, literatura – as artes, em geral – e também idiomas e outros quitutes valiosos, como ioga e xadrez.

A ideia é fomentar um ser mais pensante, um sujeito mais subjetivo que não se limite às queixas (concretas, diretas) ou, melhor, às demandas. Então eu disse: "Tou nessa". E acrescentei: "Tou nessa há muito tempo como psicanalista, uma pessoa que não se limita a oferecer melhores condições (concretas, diretas) ao sujeito, no sentido de combater meramente o seu sintoma para oferecer um alívio imediato a uma demanda denotativa. Ao disponibilizar a arte (aberta, conotativa) do encontro com o outro em torno das histórias, a ideia também é torná-lo um ser mais pensante e subjetivo. Mais sujeito".

A neurose é, de certa forma, fruto de uma injustiça na relação entre a pessoa e o seu meio lá onde houve ausência ou presença nociva. Para repará-la, conta com o arsenal de nomeá-la a partir de um encontro banhado em pensamentos e sentimentos que nos tornam mais robustos para lidar com o que foi – e, dentro de nós, ainda é – aquém do que se necessitava.

Em comum às duas frentes, ser um trabalho talvez utópico e certamente mais lento, mais difícil, mais profundo. Então, eu e o pessoal do Sindicato apertamos as mãos entre palavras vivas.

65
PSICANÁLISE, CINEMA, FILOSOFIA E INTERAÇÕES PRECOCES

O filme *Hanna Arendt*, de Margareth Sukowa (2013), deu o que escrever. Foi justo e merecido, mas ele é daqueles que abre algo para acrescentar. A obra estimula, porque dá de sentir. Penso que ela toca no cerne da psicanálise com o cuidado de não ser direta ou concreta. Metáforas superam as coisas em si.

Hanna Arendt (1906-1975) era filósofa, e sua aproximação com o método analítico não ultrapassa o encontro de uma amiga. Não há menções a referências teóricas ou clínicas, mas há psicanálise quando Hanna pensa com liberdade e valoriza no ser humano essa capacidade como a principal, a mais sagrada. Ela teria custado a posição de Eichmann (dos nazistas) e a morte de milhões de judeus. Ela estaria na base do mal, mais banal e de origem menos monstruosa do que se pensa. Pensar assim custou a Hanna desafetos da universidade a amigos, de vizinhos a sionistas, de jornalistas a autoridades. Mesmo assim, continuou pensando e voltando a pensar o que pensava, custasse o que custasse – e custou caro –, só não mais do que o sofrimento daqueles sobre quem pensou.

A psicanálise vive entre a ciência e a arte. Ela veio da clínica, chegou a um texto bem escrito e não deu outra: virou obra aberta, de forma que se pode interpretar o seu conteúdo de infinitas maneiras. Quase todas passam pelo pensamento desde o começo da vida, quando a psicanálise se dirige a observar o desenvolvimento de um bebê e suas interações com a mãe e o ambiente. O sucesso do encontro resulta em pensamento. Quanto melhor, mais pensamento e, sobretudo, mais livre. As famílias chegam ao consultório do analista devido a sintomas (o impensável) e, quando é possível (re)pensar, observa-se o nascimento de ideias únicas, originais, livres.

O analista chega depois para receber as sequelas de arremedos de pensamentos que não puderam se desgrudar de quem os fomentou. Mãe, pai e comunidade foram amorosos o suficiente para fazer pensar, mas transmitiam uma falta a ponto de o filho não encontrar seu próprio jeito para preenchê-la. Aqui, entra a psicanálise. No imbróglio, na revisão do apego e do desapego, na maçaroca de ideias entre gerações ou de um pensamento que sufoca o outro. Não sendo livre, não se é autêntico nem criativo. Fazer arte é pensar livremente, como fazer psicanálise.

Só que a liberdade tem um custo alto. Seguido, desagrada pais, famílias, comunidades inteiras. Rompe, é de vanguarda, precisa coragem, subversão, persistência e não sei mais o quê. Quando essa capacidade vai adiante, ela compensa o esforço, porque chega à arte ou à cura (quase livre pensar), como na filosofia de Hanna Arendt.

PARTE 5

PSICANÁLISE E NARRATIVIDADE

66
UM DEDO DE NARRATIVIDADE E A MÃO DA PSICANÁLISE

Era uma vez uma hipótese: o ato de contar tentaria recuperar o que faltou de empatia nas interações precoces que marcaram a vida do sujeito. Para contar, deve ter existido um mínimo de vida com desejo pelo outro, acolhida e tentativa de interação. É meio injusto, mas é justamente para poder contar. Contada, a vida começaria no desejo e terminaria não se sabe onde: é história, ou seja, desde era uma vez até para sempre.

Nesse sentido, narrar seria desmarcar o começo para melhorar a continuação. Faz sentido. Ao contar, precisamos de um interlocutor com empatia suficiente para ouvir-nos, com quem trocaríamos palavras, toques e, antes deles, olhares. Contando, relançamo-nos ao começo para poder seguir. Quem conta olha, toca, banha de música, o que evocaria inevitável e transferencialmente as primeiras relações.

Para o especialista em contos Pierre Lafforgue, as palavras da mãe que conta histórias representam o leite. É abstrato e concreto. Depois, já não sabemos se o efeito invariavelmente positivo de quem narra veio do que se contou (o conteúdo) ou do simples fato de contar (a forma ou, no caso, melodia). Faz sentido. A mesma pergunta é feita diariamente pela psicanálise, buscando compreender o que provoca mudança quando ela ocorre. Vem da empatia pelo outro a partir do encontro? É o conteúdo da interpretação? O som? O sentido? O encontro deles como na poesia?

Fora da psicanálise ou na vida, quando dois fatores disputam primazia na importância, a conclusão aponta para uma um sucesso duplo e, ainda assim, incompleto. Ou, como disse a poeta Cecília Meireles, não se trataria mais de isso ou aquilo, e sim de aquilo e isso. Em outras mesmas palavras, os dois concorrentes sobrevivem desde que venha um terceiro, um quarto, um quinto: é história. Somos trezentos, trezentos e cinquenta, como disse o narrador Mário de Andrade.

A todas essas (e aquelas), resta certo consenso de que, para contar e viver, precisamos da linguagem. Ela vem da empatia, da melodia, do toque, do desejo, do corpo e de sei lá o quê. Ela tem música, conteúdo e, quando avança, devolve-nos ao mistério de onde veio e ao mais verdadeiro de nós, que viemos com ela.

Diante disso, só um remédio eficaz foi encontrado até hoje: continuar narrando para sempre, sempre lembrando que entre os mortos não há narradores, pelo menos fora da ficção.

67
AS VIRTUDES DA LINGUAGEM

> As palavras de um autor não são atos?
>
> Sigmund Freud para Thomas Mann

Das virtudes humanas, a maior é a linguagem verbal. Pelo menos, é a mais específica, dizendo, desdizendo, martelando as expressões, a escrita, a fala. Não é o amor, pois os bichos amam. Não está nos livros, mas na natureza ao vivo. Ainda ontem vi o pássaro alcançar o pão ao passarinho, e o macaco, a banana ao macaquinho. Não era só instinto, eu vi no olhar. O amor está no olhar, a linguagem está em tudo.

A linguagem com seus tons, meio tons e alcance leva o homem aonde a iguana não iria. Houvesse metafísica (de linguagem), a centopeia superava Shakespeare ao descrever dez por cento de suas pernas. No entanto, só Shakespeare poderia ir mais longe, fazendo da iguana um drama, uma comédia, um soneto ou uma fotografia. A fotografia é outra linguagem. Toda linguagem desloca, aumenta, regula, transcende. Sem ela, a nudez seria crua, mas, com ela, se torna superior, entra e sai, sagrada e profana. Veste-se e, vestida, ecoa maior ainda.

Das vicissitudes humanas, a mais dramática é a escolha. Bichos escolhem sem muita linguagem. Quando o pássaro voou na diagonal e o macaco escolheu o segundo galho, era instinto. Eu estava ali, vendo ao vivo.

A escolha na linguagem arrasta a pessoa para o outro lado. Ela pode dizer que anda, alegar que desliza, mas ver com linguagem faz a sombra, prepara a marca, a cicatriz, a memória. Edifica a ambivalência, a psicanálise, a literatura e todas as outras artes. Constrói a renúncia, a vida que poderia ter sido. Por mais que viva, é também mortal, entre a presença e a ausência, conforme confessa a linguagem. A pessoa pode estar feliz, mas agora tem a escuridão, o mandato, o peso. A pessoa pode estar no paraíso – ele existe na linguagem, mas haverá sempre essa questão dolente no vazio do entorno a ser enfrentado. A falta, enfim.

Mas há quem preencha e recomece. Com linguagem.

ADENDO

> Como um bom escritor, o analista precisa fomentar o interesse pela trama.
>
> Do autor

Para casos mais difíceis – e nem na ficção há caso fácil –, costumo pensar sobre o meu limite em suportá-los. Ele tem mais a ver com o que vivi do que com o que li. Mais afetivo do que intelectual, não é que não possa ser medido. Meço-o, mesmo que não exatamente, a partir da capacidade mantida ou não de encontrar uma linguagem, ou seja, a capacidade de continuar me contando tais encontros às vezes quase insuportáveis. Não se trata de saber do caso, mas de contá-lo, nem que seja narrando o que não sei. E, mesmo quando não consigo mais contar, a esperança de que possa conseguir mais adiante é um indício de que não cheguei a meu limite de continuar atendendo, ou seja, encontrando o outro por meio de uma linguagem.

68
CONTAR: O FURTO SAUDÁVEL

Sou um psicanalista. De crianças, também. Às vezes, eu as atendo com seus pais. Com seus pais, eu ouço e conto. Com elas, eu brinco. É que as crianças se expressam brincando, o que inclui desenhar. As palavras não são ainda o seu carro-chefe. Há outro mediador que ofereço para elas: contos. Com palavras, é claro, mas vestidas de histórias e ritmos. Portanto, livros. Eles estão na sala de espera e adentram o consultório; seguido, participam da consulta como um brinquedo, um desenho.

Quando uma criança brinca, ela diz tudo o que quer dizer e não conseguia antes de brincar. Ela diz o que a alegra, o que a assusta, o que a apavora. O brinquedo é a sua palavra. Teve uma que construiu uma casa com Lego. Brincou de construir e deu atenção especial ao quarto dos pais. Ela tinha medo do que se passava lá dentro. Ao brincar, disse, e, ao dizer, passou a conviver com o medo que já não era uma coisa sem nome, dessas que apavoram e, por isso, trágica. Brincar com as coisas – ou contá-las – é como disse Freud, tudo o que podemos fazer, ou seja, transformar grandes tragédias (não ditas) em pequenas desgraças (ditas agora).

Quando uma criança desenha, é igual. Ela diz tudo o que quer dizer, o que a alegra, o que a assusta, o que a apavora. Traços e cores são a sua palavra. Teve uma que desenhou a luta entre dois exércitos, um azul e outro cor-de-rosa. Brincou de desenhar e deu atenção especial ao quanto as crianças sofriam com aquela guerra. Ela estava atazanada com o divórcio turbulento de seus pais. Ao desenhar, disse, e, ao dizer, passou a conviver melhor com a turbulência que já não era uma coisa sem nome, dessas que apavoram ainda mais.

Quando uma criança ouve ou lê uma história, é igual. A história diz o que a criança quer dizer, o que a alegra, o que a assusta, o que a apavora. As personagens e as tramas são a sua palavra. Teve uma que ouviu *João e Maria* e brincou de contar. Deu atenção especial ao momento em que a bruxa castiga as crianças. Ela era uma menina que havia sido maltratada pelos pais e agora vivia em um abrigo. Ao ouvir a história, disse, e, ao dizer, passou a conviver melhor com o seu passado que já não era uma coisa sem nome, dessas que apavoram ainda mais.

Quem chega ao consultório de um psicanalista de crianças encontra um arsenal valioso e barato: um par de ouvidos atentos, alguns brinquedos, folhas, lápis, canetas, giz de cera. E livros, pontes valiosas para a expressão. Seguido, um deles some da minha sala de espera, mas eu não lamento. Basta pensar que, de tudo o que eu disse em meu trabalho, o destino daquele furto pode ter sido o que a criança e sua família tenham encontrado de mais terapêutico.

69
EU CONTO PARA TER ESPERANÇA

Podem dizer o que quiserem. A palavra leva a sentir em meio a todos os rumos e a nenhum. Eu conto para ter esperança.

Podem fazer o que fizerem. O ato leva a todos os rumos e a nenhum. Que digam, que façam, eu conto para ter esperança.

Podem transitar entre os rodeios da teoria que acalma e os arroubos da prática que corta. Tudo se completa. Nada se completa. Eu conto para ter esperança.

Não conto para acusar, nunca diviso os culpados. Se me canso, repouso para contar novamente. A condição humana às vezes é pobre, e eu também sou, com mais frequência. Não presto para jurista, a minha visão é contaminada por um fio que puxa outro e, lá onde avulta o responsável (eu acredito na responsabilidade), o fio puxa outro ainda mais, e um novo responsável surge, uma turma, uma multidão, gerações, não tem clareza na origem.

Não conto para encontrar clareza. Quanto mais conto, mais profundo fica. Não conto para encontrar responsabilidade. Adquiri o que obtenho dela (e continuo tentando obter) no tempo em que eu ouvia e me contavam coisas sem saber se eu entendia ou não. Eu entendia. Eu não entendia. Eu conto para ter esperança.

Quando conto, não estão mais ali os que me contavam. Estão dormindo. Estão mortos, como no poema do Bandeira. Estão vivos no que eu conto para eles e para quem veio acompanhá-los quando partiram, ficando no poema, na memória. Eu conto para quem erigiu a vida e para quem virá.

Eu conto para ter esperança de adiar a morte nova e mesmo a velha – mortes não têm idade, ou são sempre jovens. A vida não é sólida e, por ser água e ar, insiste em voltar e em ocupar todas as frestas. Por isso, conto, não para abrir as comportas, pois a vida já as abriu no silêncio do que não consegue contar, mas para apagar a dor e acender a esperança.

O tempo ouve. Eu sei que o tempo ouve. Aprendi-o enquanto aprendia a ouvir, e aprendo ainda enquanto conto, pois nunca está pronta a edição final de nossa língua e ouvidos (Drummond). O que conto está ali e permanece até o dia em que, subitamente, alguém ouvirá. Alguém está ouvindo.

Não é queixa ou crítica, tampouco é julgamento. Estou nu, sozinho com a minha voz, embora eu conte um pouco para estar ainda mais nu para o outro e ainda menos nu para mim mesmo e ainda menos só e mais só.

É como garimpar: eu conto muito para ter um pouco de esperança.

70
A PSICANÁLISE E A ESPERANÇA

A psicanálise vive no paradoxo. Entre amor e morte, entre associar e inibir-se, entre tudo e nada. Agora me lembrei de mais este de ser revolucionária, porém mesmo as Revoluções têm limites. Não raro elas retrocedem e nunca alcançam seus ideais lá do começo. Para uma Revolução considerar-se vencedora, precisa aceitar seus limites. Uma análise, também, e está aí talvez o maior legado da ciência artística freudiana: lidar com a realidade.

Freud com frequência foi autoritário sem nunca deixar de propor que nos conhecêssemos para, em decorrência disso, encontrarmos mais liberdade (a velha Revolução e o paradoxo novamente). Segundo a primeira tópica freudiana, de certa forma nunca ultrapassada pelas Revoluções conceituais seguintes, as maiores amarras vêm do que não sabemos. Saber (sentindo) pode ser libertador.

Dia desses, falando em limites, uma paciente me perguntou se a psicanálise não teria este de não aplacar os piores sentimentos. Referia-se a uma sensação de desamparo que sentia ainda, anos depois de começar o tratamento, e que, lá no início, pensou que desapareceria.

Ao avançarmos no assunto, que parecia ir além da transferência, reconheci que se tratava mesmo de um limite intransponível. A psicanálise não funcionava como um antibiótico (segundo a expressão de Antonino Ferro) capaz de limpar "as bactérias" da mente, da morte e da vida.

Houve trauma, sequelas haveria. Houve desamparo, a marca ficaria. O alcance dela estaria em ajudar a enxergar essas bactérias (o trauma, o desamparo) e, enxergando, aumentar a possibilidade de lidar com isso. Era preciso verificar tal avanço, esse de saber mais de si para ser menos inibido no mundo.

Em seguida, ela contou que, desde um recente rompimento amoroso, sentia-se desamparada com um mal-estar ainda maior do que aquele localizado em sua primeira infância, quando a mãe se deprimiu gravemente a ponto de ser internada. No entanto, reconhecia que hoje estava aumentada a capacidade de refazer-se desse rompimento e tentar um novo vínculo. Por mais que reconhecesse a participação da análise na evolução dessas emoções, estava decepcionada com um tratamento do qual esperava mais, "no mínimo o fim do desamparo". Quando lhe perguntei que tipo de tratamento poderia ser assim tão potente, ela mencionou seriamente a cirurgia e, rindo, a magia.

Ainda que eu tenha relacionado a decepção do presente (com o analista limitado) e a do passado (com a mãe deprimida), reconheci que a psicanálise não alcançava mesmo o patamar de um ato cirúrgico ou mágico. Mesmo assim, perguntei se considerava pouco poder hoje contar com essa esperança.

Ela fez um silêncio não interrompido nem pelo final da sessão, mas não interrompeu a análise.

71
DEPOIMENTO

A Andréa, da Secretaria de Cultura, pediu um depoimento sobre um encontro. Eu vou dar. Ele poderia vir encadeado como uma prosa, cortado como uma poesia, mas veio como uma crônica. Viria de qualquer forma, porque eu fui à Vila de Passagem, um assentamento de famílias no bairro Rio Branco. Levou-me um acordo entre o Instituto Estadual do Livro e o município de Canoas.

A Vila de Passagem é repleta de famílias pobres. Há muitos cachorros, galinhas, passarinhos, piolhos. Contei dois carrapatos na volta, que subiam à direita do meu *jeans*. São detalhes ínfimos diante do essencial: as crianças. As suas famílias estão meio amontoadas enquanto os pais esperam as casas definitivas. Os filhos estudam em escolas públicas, porém, é fevereiro e estão de férias. Faz muito calor, não há ventilador, muito menos ar-condicionado. Há um auditório feito de tapumes no meio das habitações improvisadas, tráfico de drogas no entorno, tédio, violência, falta do que fazer.

Não para as crianças. Encontro-as agitadíssimas com a Maria Pepe. Elas agora me esperam como são, ou seja, com a mesma verdade que tentei pôr nos livros e em suas palavras. Somos semelhantes, reunidos pela realidade. Elas estão agitadas do calor verdadeiro, e eu, também. Temperatura nenhuma nos tira dali. Tem bebês e adolescentes que cuidam dos bebês. Tem cachorro. De repente, começamos a contar e a ouvir. A atenção é curta, as crianças a prestam depois que emprestamos a nossa. O cachorro (com seus carrapatos) também presta. Improvisamos uma bola colorida no meio das histórias, somos contadores, temos esperança, contar nos anima. Propomos um teatro na vida, e todos topam representar. As crianças entram na cena, cantam pagodes, fazem perguntas, de vez em quando se batem, mas somos firmes na ternura e logo voltam a ouvir.

São bonitas, sensíveis, inteligentes. Entenderam que, durante as histórias, não se agride, somente por meio do que se conta. Querem saber a minha idade e anuncio meio século. Elas perguntam a da Maria Pepe, mas ela negaceia. Então, invento, e nem precisava. As crianças entenderam que estamos ali para aprender a inventar, como em meu primeiro conto, quando uma menina não quis dançar comigo. No conto, ela dançou. Elas dizem que hoje eu posso dançar com a Maria Pepe – a roda do mundo gira, a ficção ajuda a empurrar. Elas entenderam tudo. Dançamos.

Sabemos do inóspito, porque somos gente. Não precisamos ter cuidado de bebês na adolescência ou sofrer calor e frio para entender. É o que as crianças precisam de nós: que a gente as acolha e se ocupe delas enquanto seus pais não podem. São pequenas e vão crescer, até imaginar, no meio do inóspito, driblar a violência para, daqui a meio século, estarem vivas para dar o seu depoimento.

72
HEITOR, A CRIANÇA SÁBIA

Ele tem seis anos e se chama Heitor. Estuda na escola Theodoro Bogen, de Canoas. Fui lá contar histórias. Esperava-me na porta e foi logo me passando o número do seu telefone com o endereço. Esqueceu-se do nome da rua, mas disse que não tinha problema, era só eu ligar antes de vir que ele descia para abrir a porta. Queria que eu fosse à sua casa para continuar contando histórias, pois seus pais eram muito ocupados.

Na hora da palestra, sentou-se na primeira fila. Desfiei, então, um de meus truques: dizer que tenho vergonha; em geral, faz as crianças ajudarem, ou seja, prestarem atenção. Dificilmente um adulto tem bala na agulha para entreter uma criança por muito tempo. Basta elas olharem para dentro que verão algo mais fascinante, mas o Heitor olhava para fora e foi logo dizendo que eu não precisava ter vergonha, tomasse uma água que passava. Tomei, e me passou que eu ainda precisava de alguns truques diante dos mais sábios. Na hora das perguntas, ele já tinha a primeira:

– Por que tu não escreve uma história chamada *As plantas contra os zumbis*?

Era indagação de primeira linha, e claro que eu não soube responder. Eu mal e mal arranho nas questões mais óbvias, embora uma criança raramente as faça. Elas estão sempre diante do inédito, o que desejam saber não existe ainda e precisa tempo para ser inventado. Tempo, bem o que nos falta.

Na falta de desvendamento para os enigmas do recinto, continuei fazendo o que dava, ou seja, contando histórias e respondendo a perguntas sem resposta à vista. Mas é o que pode nos aliviar das faltas irremediáveis.

Um colega do Heitor, chamado Aquiles, perguntou:

> – Por que as plantas vencem os zumbis?

Eu respondi que não sabia, mas tive humildade suficiente para chamar alguém do ramo. Devidamente convocado, o Heitor subiu ao palco e, sem vergonha, discorreu:

> – As plantas são do bem, e os zumbis, do mal. Isso explica direitinho por que elas vencem.

Foi mais aplaudido do que eu. Merecidamente.

73
ESPECIAL

> E sei apenas do meu próprio mal
> que não é bem o mal de toda gente...
>
> Mario Quintana

Estive na escola Tristão Sucupira Vianna. Fui adotado no Programa Adote um escritor, da Câmara Rio-grandense do Livro. A história é assim: a escola escolhe um escritor, trabalha seus livros com os alunos e depois promove um encontro.

A escola Tristão Sucupira Vianna é especial. Difícil dizer o que é isso, talvez uma alternativa para fugir da ditadura dos nomes ou da violência dos nomes, porque na nossa sociedade algumas crianças recebem alcunhas esquisitas. São diagnósticos de gente grande, tais como paralisia cerebral, síndrome de Down, retardo mental, e nomes costumam impregnar-se. Só não são universais. Trabalhei como etnopsiquiatra com filhos de imigrantes africanos em uma escola ao norte de Paris. Para eles, não havia diagnósticos, e sim outros sentidos mais libertadores.

Por aqui, os nomes evocam a violência de um golpe: o de não tolerar uma diferença ou o que não segue à norma, embora a norma não exista, já que nada é igual, e a maioria é diversa. A escola Tristão Sucupira Vianna é daquelas que não aceita a violência dos nomes. Ela acolhe os alunos a quem chama de especiais como forma de reparar a injustiça de uma palavra. Falávamos de literatura como em uma escola "comum". As crianças e os adolescentes haviam lido, sentido, pensado, e agora faziam perguntas. Uma pergunta era sobre o que eu preferia e já não lembro bem o que, talvez literatura ou cinema, prosa ou poesia, futebol ou vôlei. Eu quis responder que não tinha preferência e, para que me compreendessem melhor, respondi com uma nova pergunta:

– Vocês, por exemplo, se precisassem escolher entre chocolate e sorvete?

A minha ideia, inspirada em Cecília Meireles, era que não escolhessem, não precisassem preferir, ficassem com os dois. Mal terminei a frase, o menino falou sem hesitar:

– Sorvete, claro que sorvete!

Livre do nome, liberto da alcunha, solto do diagnóstico, escancarou uma de minhas maiores deficiências: escolher, dificuldade que não era bem a dele. Não tive dúvidas: aquele menino era mesmo especial, ou seja, melhor do que eu. Mas dizê-lo não seria justo com o nosso tema. Logo, desdigo.

74
A DERRADEIRA ADOÇÃO

A literatura no Rio Grande do Sul confunde-se com a adoção. Adote um escritor é o nome de um dos seus projetos. As escolas públicas escolhem um autor para trabalhar com os alunos. Primeiro, trazem seus livros, promovem a leitura, contam histórias. Depois, acolhem o autor a quem literalmente adotam.

O projeto apresenta outros braços em suas adoções. A Secretaria Municipal da Educação adota um escritor para trabalhar diretamente com os servidores. Na última eleição, estive entre os mais votados, junto com feras das letras, como Airton Ortiz, Cláudio Levitan e Paula Mastroberti.

As expressões humanas se tornam metáforas da vida. Assim é a arte, mas também é o futebol, a gastronomia, a arquitetura e a adoção envolvida no projeto literário. Afinal, mesmo na vida, em nossas filiações, somos todos adotados. A biologia pode ser outra expressão fascinante, envolta em mistérios como o esporte e o teatro, porém ela nada garante.

Toda expressão é um milagre, e o nascimento, também. Superar os outros milhões de espermatozoides, encontrar o óvulo no momento exato, vencer as intempéries da gestação, do parto, das primeiras horas, de todas as seguintes. No entanto, a façanha será interrompida se não houver amor. Ele, sim, garante e não é biológico, físico e nem químico, porque é tudo isso e mais aquilo. Não sabemos do que é feito, mas sentimos que sem ele não vingamos. Só vivemos se formos adotados, e toda arte, expressão e tratamento gira em torno do amor, no sentido de encontrar uma forma de dizer se fomos ou não adotados. Cuidar é também contar, contar é também contar as origens para garantir a continuação, o que se faz adotar.

Precisa reconhecer a presença do amor e amparar-nos em corrimões erguidos por ele, mas desconhecidos ainda. Perceber onde esteve ausente para encontrarmos a possibilidade de lidar com os vazios e preenchê-los até que volte – ou surja? – com adoção. Dessa vez, surgiu: fui adotado. Assim me relanço na vida muito além da biologia e aquém da morte, talvez a derradeira adoção.

75
NOVO DEPOIMENTO

Para o amigo Alexandre Brito

O Nietzsche já disse. Freud, também. Claro que disseram melhor do que eu, mas quando a gente diz do nosso jeito, depois de ter vivido, talvez valha a pena ouvir. Dizer vale.

Os tratamentos analíticos contribuíram com minha salvação. Eles me fizeram encontrar a escuta, especialmente atenta. Lembro-me de frases certeiras, de silêncios precisos, de entendimentos cabais que em seguida esqueci. Os tratamentos reagrupavam pensamentos, remodelavam sentimentos, fabricavam uma esperança que, mesmo depois de malograda, havia criado uma espécie de horizonte só de ter existido.

Talvez os amores tenham ido mais adiante. Talvez seja injusta essa frase, porque os tratamentos amparavam os amores, e um sem o outro estancava. Mas os amores tinham atos, certa concretude de beber junto, comer junto, passear junto, confundir-se externamente até poder entrar no espaço íntimo e verdadeiro. Não que os tratamentos não o fizessem, mas os amores o faziam no primeiro plano, eram mais próximos do primeiro dia e continuavam.

As amizades eram amores quase infinitos. Conciliavam a palavra às vezes lúcida dos tratamentos e a ação às vezes louca dos amores. Assim como eles, ofereciam momentos completos, com o acréscimo de serem mais duradouras. Mas se olho para o abismo, se diviso o buraco da morte que não me ouvia desde que nasci, se baixo a guarda e deixo que venha o grande naufrágio, não me vejo vindo à tona com tratamento, amizade ou amor. Quando flertei com a morte a ponto de esboçar o último abraço e oferecer o primeiro pé na direção do abismo, vi tão somente a arte me salvando.

Mais que o tratamento que a amparou, o amor que a inspirou e a amizade que a reconheceu, a arte manteve o equilíbrio entre serenidade e loucura. E me trouxe de volta à vida, quando a morte dava como certa a minha ida.

76
DAVI E GOLIAS

Eu fui a uma banca de TCC. Qual a importância disso?

Trabalhos de conclusão de curso existem no mundo acadêmico do mundo inteiro. Em todos os cursos, da graduação à pós. São eventos meio fechados que interessam a seus protagonistas e suas famílias, quando muito. Alguns rendem frutos à comunidade, mas a colheita costuma ser feita bem depois.

Eu não era protagonista e nem da família. Poderia alegar que o assunto escolhido era original: a utilização terapêutica dos contos. Balela! Desde a noite dos tempos, os contos têm uma função terapêutica, era uma vez e será todos os dias. Quem conta e ouve se sente melhor, mas tudo é história, em que as personagens principais são as pessoas. Gente é sempre importante e não falta a essa trama. Cleonice, a autora do trabalho, é filha de agricultores. Desde pequena precisou ajudar os pais na plantação de milho. No verão, ficava atrás de um arbusto para se esconder do sol. Os cães a protegiam de perigos como cobras e aranhas. A seca era farta, a terra pouca e se acabou. A família foi morar na Vila do Arrabalde, onde a Cleonice passou a infância e permanece até hoje. Ela comeu o pão que o diabo amassou e, algumas vezes, não se alimentou direito. Dias antes da formatura, escapou por pouco de uma bala perdida. Tinha ido a um bar para assistir pela TV a inauguração da Arena, mas nunca deixou de encontrar carinho e educação. Não pôde ir à Disney, como gostaria, mas foi à escola. Frequentou o ensino público, leu material emprestado e livros da Biblioteca Municipal. Eu não soube mais da sua vida, pois fui convidado para conhecer o seu trabalho. Ele é maravilhoso, porque ela criou um grupo de contação de histórias em uma creche da periferia. Trabalhou com crianças de famílias tão carentes quanto a comunidade em que mora. A Cleonice falou do Paulo, um menino de seis anos. Ele não sabia quem era o seu pai e nem queria ouvir contos, mas ela o convidou para desenhar. Ele desenhou uma biblioteca fechada por um cadeado maciço. Cleonice não se mixou e traçou uma chave colorida. No desenho, eles abriram a porta e, na realidade, Paulo quis ouvir *O pequeno polegar*. Depois do encontro, ele passou a sentir uma grande alegria e quer saber quem é o seu pai.

Eu sei que os pais da Cleonice ofereceram afeto a vida inteira. Não tiro do nada as minhas conclusões. Provei as bolachinhas que a mãe deu para a filha com chá de bergamota e senti um gosto de amor. Imaginei a riqueza dos sentimentos como um Davi, enfrentando o Golias da pobreza para fazer de uma vida específica um conto tradicional sem final triste. Claro que necessitam de aliados, mas é um começo feliz, e os começos gostam de ecoar para sempre.

PARTE 6

PSICANALISTAS E SEUS DUPLOS

77
O CONFERENCISTA E OS BEBÊS

> Mas deixa a lâmpada acesa
> Se algum dia a tristeza quiser entrar
> E uma bebida por perto
> Porque você pode estar certo que vai chorar
>
> Vinícius de Moraes

Ao ouvirmos Mariano Horenstein, percebíamos que ele não escondia os conteúdos da vida e da morte. Havia algo na forma de dizer que evitava o desastre do que não é dito e não flui da coisa à palavra. Era um jeito construído para evitar a destruição. Tudo lembrava essa chance, e nada evoca mais a catástrofe do que algo que não encontrou a expressão. Ao expressar-se, Mariano lembrava o adulto recitando um poema de Drummond – *E agora, José?* – para um bebê que se divertisse com a prosódia e a atenção a ele dispensada, sem se importar com os conteúdos inacessíveis do discurso.

Toda plateia volta a ser bebê. Vê-se no final, quando bate palminhas, e mesmo antes, quando olha fascinada para um conferencista suficientemente bom. Todo leitor, por mais paradoxal que seja, não começa pela alfabetização. Assim como, nos encontros, as palavras chegam depois dos olhares e dos toques, a leitura começou antes de sua chegada literalmente dita.

Leitores se constroem antes do nascimento, nas quarenta semanas de estada no ventre materno, embora haja leitores prematuros tardios. Leitores firmam-se nas primeiras horas depois do parto, quando um adulto decide olhá-los com silêncio e desejo, logo interrompido (o silêncio) por palavras envoltas em histórias que, sem intenção, convencem de que nada pode ser mais fascinante nesta vida do que contá-las. Talvez fazê-las, mas todo ato desprovido de uma história e, portanto, de um sentido, torna-se pobre, vazio, seco: a essência da pornografia, não no sentido moral.

Pouco tempo e muitas histórias depois, o leitor recém-nascido descobrirá que as narrativas habitam os livros e, para poder ouvir e contar sozinho, ou seja, sem precisar do outro (por fora) para fazê-lo, terá de decifrar o código da escrita que abre a porta para o mundo maior ou além das palavras, como era antes.

Mariano usou o olhar com brilho de mãe e pai sem evitar interlocutores, afastando o pesadelo da exclusão que, inominado, habita os bebês crescidos da plateia. Mariano usou a melodia das palavras de pai e mãe, tomando a água (o leite) delas para banhar o público, como um bebê sempre disposto a sujar-se para ser limpo outra vez, e abrir-se para o ritmo, como o ritmo para as palavras.

Aqui já não importa se contava um chiste de Einstein ou a etimologia da palavra poesia. Como na prosa aparentemente inadequada da mãe, Mariano abria caminho com a melodia, como quem sabe que o resto vem depois. Ali também aproximou a literatura e a psicanálise, porque ambas ensinam a contar e a ouvir com os poucos recursos que existem antes de uma imaginação: o olhar, o gesto, a melodia.

Assegurados pela empatia (no mínimo) e pela paixão (nos melhores casos), aprende-se a contar e a ouvir a ponto de ampliar os recursos até alcançar os paradoxos, incluindo a confusão bem-vinda entre o que é ler ou tratar-se. Ouvir Mariano era ler. Ouvir Mariano era tratar-se.

78
INFORMÁTICA E PSICANÁLISE

O Andreo é técnico em informática. Ele sabe quase tudo e me socorre quase sempre nas dores de computadores. Já consertou tela manchada por algum líquido que deixei cair, já reverteu tela de cabeça para baixo que deixei cair, já curou vírus pior do que caxumba que deixei entrar, já organizou arquivos, expandiu memórias, criou atalhos, fez *backups*, *upgrades*, *almost everything*.

Não é que eu não valorize as suas habilidades. Claro que sim, porque não as tenho e, por isso mesmo, eu o contrato. Só acho que muitos outros técnicos de informática as têm, porque se prepararam para isso, como Andreo. Não fosse ele, seria outro, e, nesse sentido, talvez não fosse difícil substituí-lo.

Difícil é substituir a calma, a paciência, o *zen* budismo do Andreo. Diante da ameaça de perder todas as informações, ele se mantém impávido. Diante de uma tela manchada, ele pensa, repensa e conserva a esperança de encontrar uma alternativa que, um pouco mais adiante, ele encontra. O Andreo consegue manter a tranquilidade diante de um desespero maior. Por exemplo, quando estou na iminência de perder meus originais, eu inundo Andreo de angústia, e ele acolhe, ou seja, muito se importa sem deixar de ser Andreo.

Quando a tela apaga a visão do texto e acende o meu medo, lá está o Andreo cada vez mais Andreo, com a sua luminosidade própria, nem mais nem menos intensa do que a minha escuridão. Isso vale para telefonemas fora de hora, em geral dramáticos, que ele nem responde. Se for sexta à tardinha, então, nem olha. Na segunda-feira, quando pergunto se viu a mensagem, ele diz tranquilamente que sim, mas só há pouco, porque não deixou de repousar por minha causa.

O Andreo é capaz de deixar a angústia com seu dono e não pegá-la para si; ou, pegando, consegue devolvê-la em seguida. Ele consegue ficar com os seus próprios dramas sem se apropriar dos alheios. A sua filosofia é como se fosse um teatro, ele a pratica sem mentir, não atendendo em hora imprópria. Ele não renuncia ao caso, mas só o assume quando pode e nunca mais do que precisa.

Pedi ao Andreo um curso particular. Fiz o pedido na sexta-feira à tardinha e ele me ligou de volta só na segunda-feira, perguntando:

– De informática?
– Não, de psicanálise.

79

O MILAGRE DE SALVADOR CELIA

O psiquiatra Salvador Celia sempre me impressionou pela sua falta de noção do impossível. Certa vez, ele estava organizando a Semana do Bebê, em Canela, e me disse:

– Vou trazer a Luíza Brunet para ser madrinha da festa. Ela vai trazer alegria para os adultos. Adultos alegres alegram crianças.

Ela estava no auge, mas ele também, e a trouxe. Como trouxe Renato Aragão, Regina Duarte, seu Francisco, pai de Zezé de Camargo e Luciano – que só não vieram porque, no fundo, o Salvador não quis. Mais comovente era quando duvidava da noção do impossível nas crianças. Elas vinham com várias deficiências, mas ele já tinha decidido:

– Serão cidadãs felizes.

Para quem via de fora, nem pensar. Mas Salvador era daqueles que não via de fora. Olhava por dentro, sentindo junto, e não se deixava contaminar pela opinião alheia ou pelo preconceito (vindos de fora). Era uma de suas armas. Lembro-me de outras duas. Uma, jamais fazia o trabalho sozinho.

Fosse para trazer a Brunet ou para ajudar uma criança, lá se punha a acionar uma vasta rede que incluía muita gente com uma única regra: nada de hierarquia em termos de importância humana, porque todos têm o mesmo valor. E tinham.

A outra arma era acreditar no poder dos pais. Ele sabia que ali existia uma força (de amor mesmo) maior do que todas as outras. Salvador, que não teve filhos biológicos, adotou a causa de muitas crianças, e as consequências foram as melhores possíveis. Salvador Celia foi um paizão e criou uma linda família. Mas falávamos do impossível e, com o tempo, as proezas desse pai só aumentam, mesmo depois de sua morte. Um verdadeiro milagre, como era a vinda da La Brunet e, melhor ainda, o reencontro da cidadania e da felicidade nas famílias daquelas crianças com tantas deficiências.

Gente como o Salvador entende que somos todos deficientes, mesmo sob o disfarce da normalidade.

Gente como o Salvador capta o sentido da vida que nunca é normal, mas é sagrada.

Gente assim não para de operar milagres e agora faz mais este, derradeiro, talvez: virar rua, arte, memória e ser lembrada para sempre.

ADENDO

> Me procurei a vida inteira e não me achei –
> pelo que fui salvo.
>
> Manoel de Barros

Reunindo-me com a editora a fim de planejarmos este livro, retomamos a pauta de uma publicação anterior[*] sobre Salvador Celia. Embora ela não tivesse conhecido pessoalmente o autor, seus olhos se encheram de lágrimas à lembrança de algumas histórias presentes na obra. Contei novas, e os meus olhos também marejaram. Que Salvador ainda nos emocione é um fato em meio a perguntas feitas de palavras subjetivas, intermináveis: Vida? Milagre? Transmissão?

---

[*] *A obra de Salvador Celia: empatia, utopia e saúde mental das crianças*, organizada por Celso Gutfreind, Isabel Leite Celia, Norma Beck e Victor Guerra.

80

AMOR À VIDA
(MAGERINO PREGO)

Vida Magerino Prego, psicanalista, noventa e cinco anos recém-feitos. Quase cem convidados na festa da Vida uruguaia e universal. Em Punta Ballena, na casa de veraneio, embora diga que more em si. Na verdade, é do mundo. A casa tem piscina e escadaria, e Vida nadou dois quilômetros, maiô preto e justo com patamar de biquíni. Agora vence degrau por degrau sob o vestido de seda, transparência na medida, sugestão não saturada (Bion), sem contar maquiavelicamente a altura a ser vencida. Acima ou abaixo, aciona a imaginação, e Vida sobe e desce como se voasse, a piteira entre os dedos longos e finos, as baforadas perfumando o ar e fazendo o desenho de círculos breves sem espaço para o politicamente correto. Inquestionavelmente afetivo e sensual.

Vida Magerino Prego, psicanalista, noventa e cinco anos. Conviveu com Anna Freud, de quem diz maravilhas da memória e do afeto. Conviveu com Melanie Klein, de quem diz coisas valiosas da luta contra a dor pessoal. Vida não maldiz quem lhe fez o mal, devidamente desviado para o canto dos olhos, para a sublimação, a simbolização, os novos encontros. O centro da retina recebe os olhares, mas ouve sem pressa se alguém falar. Elogia a temperatura, depois cita Virgínia Woolf e tardes amenas. Descreve a página trezentos e sete da edição espanhola de *Em busca do tempo perdido*, com pertinência, sem balaca, e não perde uma vírgula nem a respiração nas frases longas e sem pontos.

Delicioso ouvi-la comentando roupas e não dá outra: sonha-se a nudez com ela. Um gole de uísque ou dois, mordiscada no canapé que ela mesma fez. São histórias consistentes e sem pressa de encerrar, mas com pressa de se saber a sequência. Quando olha para um bebê (a bisneta), é de chorar e rir para sempre. Tem planos ótimos para o ano, um grupo de literatura francesa, outro sobre empatia. "Alguma sugestão?", ela pergunta.

Vida Magerino Prego, noventa e cinco anos recém-feitos, psicanalista em pleno voo da vida fora de um consultório, literata, três romances na cabeceira, tempo para ler, viúva. Com todo o respeito ao finado, eu e o cinquentão Victor Guerra estamos no páreo. Tenho só quarenta e muitos, publiquei poesia, meu sotaque é estrangeiro. Levo meio palmo de vantagem.

81
VIDA REVISITADA

Victor Guerra e eu combinamos para as 18h30min. Calle Estero Bellaco 2666, perto da Urquiza. Clínica Prego no andar de baixo, residência em cima. Era a visita da guerra. Vida Magerino Prego nos esperava. Ela haveria de escolher um dos dois combatentes. Tínhamos nos preparado para a luta durante a vida inteira. As nossas infâncias asseguravam que com Vida não havia espaço para dois.

O sábado, talvez, discordasse. O sol se impusera ao frio. Agora o crepúsculo era dos deuses, ocupados em escolher um só vencedor (Quintana). O outro fatalmente cairia como a claridade sobre o teto das casas anos setenta. As árvores, puro troncos, resplandeciam. Impressiona sempre a estranha convivência entre beleza e final.

Eu descrevia o crepúsculo nas entrelinhas do sol. Preparava frases de efeito sobre os movimentos das cores. Era meu golpe, minha arma, minha Vida, mas precisava reconhecer: Victor Guerra era um adversário à altura, um pouco mais forte fisicamente, sem recuar à subjetividade. Ele havia separado versos de Manoel de Barros, traduzidos por ele mesmo para o espanhol. Também tinha o seu talento, a sua convicção. Era briga de cachorro grande e, na escada íngreme, eu disse já no primeiro degrau:

– Victor, terás tempo de elaborar o luto. Vida é minha.

Ele recitou Manoel de Barros sem olhar para trás:

– Tudo o que não invento é falso.

Ela nos aguardava com o chá. Noventa e cinco anos completados há seis meses, vestido negro e justo, colar de pérolas, unhas cor de cereja. Serviu as xícaras de porcelana tcheca sem tremer; a minha primeiro.

– Só porque és estrangeiro – sussurrou Victor.

Trememos os dois nos primeiros goles. Conversamos sobre a vida e sobre a morte, pois Vida era completa e não evitava nenhum tema. Passado o verão, estava ainda mais jovem e percorria emoções e conteúdos com muita vivacidade.

Foi então que preparei o golpe fatal, o tiro de misericórdia, e li para ela a crônica anterior, realçando a poesia, olhos nos olhos de Vida, voz empostada, cuidando cada pausa. Mulheres profundas não resistem à poesia. De canto de olho vi que Vida se emocionava, um pranto se armava lento como o crepúsculo até que ela comentou:

– Sabem, meninos, eu sinto muita saudade do meu marido. Às vezes, ainda coloco o seu prato na mesa e sempre converso com ele. Hoje, com a idade que tenho, acho um luto de luxo deixar bem vivo dentro da gente aquele que morreu.

De toda a crônica e poesia, Vida havia retido a menção ao finado. Ele era eterno, enquanto a tarde passava e nós com ela. Victor e eu tivemos de reconhecer a dupla derrota e a vitória de uma mãe verdadeira, dessas que acolhem seus filhos e depois os colocam em seu devido lugar.

Luís Henrique Prego, precursor da psicanálise na América Latina, marido de Vida, vivia, Édipo Rei vivia. Os filhos não reinavam, Vida era a Rainha e, como dois guris cagados e contidos, voltamos à rua escura em busca de nossas mulheres possíveis.

82
MARIO NOVELLO: SEM ORIGEM E COM AFETO

Mario Novello é físico. Ele dirige o Instituto de Cosmologia e tem a obsessão de desvendar a origem do mundo. Fez pós-doutorado na área, publicou livros e escreveu centenas de artigos em revistas internacionais. Mario duvida do *Big Bang*, expõe uma filosofia própria sobre o tempo e guarda a esperança de datar o seu início. Ele me convidou para participar de um grupo. Como psicanalista. Terá um padre, um rabino, um filósofo e uma especialista em mitos. Ele desconfia de que todas as versões são parecidas e, juntas, podem trazer algum esclarecimento. Ele completou setenta anos, estudou muito e não para. Acho que sabe mais psicanálise do que eu. Eu desconfio de que a psicanálise ignora a origem do mundo, mas nela encontrei outros obcecados como o Mario.

Um deles é o francês Bernard Golse. Ele dedica a vida a desvendar a origem da linguagem. Tem sessenta anos, também publicou livros, escreveu centenas de artigos em revistas internacionais e não sossega enquanto não apontar o momento exato em que a palavra aparece na vida de uma criança. Fui seu aluno, trabalhamos juntos e escrevi uma obra de ficção para ele: *A primeira palavra*. Ele fez o posfácio, disse que estava bonitinha, blá blá blá, mas não resolvia o problema. Ele quer uma obra científica e definitiva sobre o assunto.

Eu não poderia fazê-la. Também tentei achar algumas origens e sempre me estrepei. A primeira foi quando dei de cientista e fiz uma tese sobre contos infantis. Fui atrás do seu começo e levei meses lendo um livro do folclorista russo Vladimir Propp. Era um calhamaço que, ao cair, fraturou um dos artelhos do meu pé. Tive de suspender por duas semanas meu trabalho no Hospital Avicenne e ganhei mais tempo para concluir a leitura. Propp realizou uma obra séria, extensa, e ao final concluiu: "Não sabemos quando tudo começou".

Eu me decepcionei um pouco. Pelo menos o artelho ficou bom. Depois, tentei encontrar a origem de vários sentimentos e pensamentos. Sou psicanalista, vivo disso. Para falar a verdade, crio espaços, abro possibilidades, mas a origem exata mesmo eu não encontro. Sempre esbarra em algum umbigo, como diz Freud, outro obcecado por origens. Se isso vale para a busca do sujeito, imagina para o universo...

Quando Mário me ligou, chovia muito em Porto Alegre, havia raios e trovões que pareciam asteroides na Rússia. Ele me disse que fazia sol no Rio de Janeiro. A voz também era ensolarada, e o convite sugeria mais do que trabalho: prometia encontro. Pensei nessas consequências e aceitei a causa. Acho que buscá-la sustenta uma vida, e eu continuo buscando para sustentar a minha. O prosador Freud escrevia poeticamente, e o poeta Constantino Kavafiz contava que Ulysses nunca desistiu de ir a Ítaca, mesmo sabendo que nunca chegaria. Acho que continuar procurando o começo significa que o mundo não acabou. Pouco importa que não o encontraremos. Até breve, Mario!

83
A CARTOMANTE E O PSICANALISTA

> ... a questão de quem é você é um mistério, e você não tem nenhuma esperança de que ele algum dia seja resolvido.
>
> Paul Auster

Até que ponto cabe fazer equivalências entre diferentes profissões? Aproximar campos aparentemente tão díspares?

A psicanálise não responde, mas perguntou muito sobre isso em sua história. A questão de se é arte ou ciência é antológica para ela. Freud defendia-a como ciência, mas, com o perdão da imagem, quanto mais ele rezava, mais assombração lhe aparecia. *A interpretação dos sonhos*, por exemplo, foi recebida em 1900 como um grande romance. Seu autor acusou o golpe, queria ser reconhecido como cientista, mas o único prêmio de Freud foi literário. Era ele um cientista ou um artista? Baita imbróglio que talvez nem o tempo tenha desvendado até o momento.

Por outro lado, ou talvez no mesmo, Freud sempre foi cético em relação às religiões. Batidas mais místicas de colegas e discípulos eram invariavelmente recebidas com desconfiança, se não com retaliação. Foi assim com Ferenczi e, mais ainda, com Jung, mesmo que o tempo desvendasse a pertinência de muitas dessas ideias. Também a amizade com o pastor

Pfister contradizia o cientista Freud e, contra a sua vontade, aproximava novamente arte e ciência, ciência e religião.

Um de meus pacientes, em pleno período de análise, consultou uma cartomante. Sujeito bem humorado, ele chegou dizendo que eu era o charlatão. Ela havia-lhe proposto uma *apometria*, descrita como um método preciso e infalível para cortar os fios que ainda lhe atrelavam a pessoas indesejáveis. Na segunda e derradeira sessão com a cartomante – o tratamento era breve –, percorrendo seu corpo com fios imaginários, ela perguntou se ele estava sendo claro com quem não mais queria conviver. O paciente reconheceu que não, e a profissional disse que não se espantava com a resposta, porque os homens costumam prolongar a dificuldade de dizer "não" para as suas mães.

Ele me acusou de plagiar a cartomante. Aleguei apenas que estava sendo mais honesto; afinal, desde o princípio, ainda que utilizasse um método parecido com o dela, eu não garantia a cura, muito menos breve. Só tive de concordar que a colega, em sua ciência, utilizava a mesma arte com muito mais otimismo.

84
O OCEANO DO FRANCISCHELLI

Frequentei seminários do Leonardo Francischelli na Sociedade Brasileira de Psicanálise. Quando terminei a minha formação, tornei-me seu colaborador em outro grupo, sobre técnica. Sempre respeitei o Francischelli, senão não trabalharia com ele. Resenhei com prazer seu livro *Amanhã, psicanálise!*

Nunca tinha parado para me perguntar os motivos da proximidade. A gente não costuma parar para perguntar muita coisa, a gente vai vivendo e pronto. Não seria isso a psicanálise ontem e hoje, um espaço de poder parar e perguntar?

Eu teria motivos para não me aproximar cientificamente de Francischelli. Ele acredita muito mais nas regras do que eu. Ele acredita muito mais em Freud (ele pronuncia Frói) e na psicanálise. Tive outras formações antes de chegar a ela, trabalhei árdua e ludicamente com bebês e suas famílias, tenho flexibilidade para atendê-los, o que se estende a casais, pais e filhos.

O Francischelli não crê muito nisso. Com transparência e sinceridade, ele propõe um atendimento de corte mais clássico, elegante, individual. Mostra-se fã do contrato, embora – e este é o Francischelli que mais admiro – deixe claro que é preciso criar, inventar moda, ser meio louco também.

Dia desses, o encontrei e perguntei como estava. Esse tipo de pergunta burocrática é puro protocolo, a gente já sabe a resposta: as pessoas respondem que vão bem. Somente um chato é capaz de dizer que vai mal e utilizar o encontro para responder por que, embora eles existam com suas ladainhas sempre a postos.

Não é o caso do Francischelli. Ele respondeu que estava bem, mas não o fez protocolarmente. Ele não foi chato, e seus olhos brilhavam, um brilho que pedia que o instante se alongasse com palavras, e elas vieram. Ele disse, então, que a vida tinha lhe dado mais do que merecia. Voltei a olhar para ele, que não hesitou, era isso mesmo, pensava e sentia assim. Eu poderia dizer que vinha da mãe, de lá quando foi bebê. Ele me diria que vinha de seu analista, de lá quando havia lhe dado um tranco de regras e limites sem perder um mínimo de ternura e loucura necessárias. Ele poderia acreditar que vinha da psicanálise, eu, da poesia, e a minha amiga Alice Ruiz, do *zen* budismo.

Resposta não tinha. Tinha tão somente o desejo de estar perto e de sonhar com o tempo que fosse necessário para eu me sentir também com essa sensação oceânica de que a vida nada me devia.

85

UM DETALHE, E JÚLIO ABRE CAMPOS

Esta crônica e seu causo não preciso disfarçar ou filtrar com ficção. Aconteceu comigo e meu analista. Era a quarta e última sessão da semana, e houve silêncio, barulho e sonhos, como de hábito. Houve de tudo para fugir do hábito, quando eu girava ao redor de mim mesmo e de uns fantasmas. Enrodilhado, tentando sair, saindo e parado. Era análise, era lento com a elaboração presente-passado na busca de algum futuro. Era associação que, às vezes, mergulhava e, com mais frequência, afundava. Não era livre ainda, e nunca será completamente. Também aprendemos isso na análise. Era o que dava.

Salvo resistência ou onipotência em contrário, eu e o analista capengávamos no ritmo da coisa sem nome em busca do nome da coisa. Não era medicamentoso, cirúrgico, comportamental. Tinha o vagar da vida em si ao revisar-se em questões abertas de pensamento, morte e afeto. Não era fácil. Era de verdade.

À saída, peguei minha mochila e taquei nas costas, como de hábito. Associando livremente (?) ainda, lembrei-me do que me contaram sobre um curso de segurança pessoal: levar mais de dois minutos para entrar no carro seria se pôr em risco de ser assaltado. Depois de rememorar, eu queria antecipar. Então, enquanto saía, vasculhei a chave no bolso. O analista estendeu a mão (como de hábito) e abriu a porta interna.

Era muita coisa ao mesmo tempo, ainda mais em um momento de transição. Apertar mão, sair, separar-se, mexer na chave, retomar a realidade de fora, administrar transferência e mochila, pesadas naquele dia. Dei um trompaço no friso da porta e deu-se um barulho estridente. Analista e eu olhamos na direção do choque e fui saindo com a sensação de que tinha quebrado alguma coisa. Paralisado com o possível acidente, não olhei para trás e levei dois segundos até chegar à porta externa. Foi tempo suficiente para o analista dizer em tom audível, acolhedor:

– Não foi nada.

Aquele "não foi nada" foi tudo, pelo menos maior do que tudo o que tinha sido falado na última sessão da semana e também nas três primeiras e nos últimos meses, anos, talvez. Trazia um clima de tranquilidade, baixava a bola da fantasia onipotente, punha a dor da transferência no nome da coisa e na mochila que acolhia, abrigava. Aquele "não foi nada" reparava muita coisa de pessoas.

Hoje penso em outras imagens para ele. A que mais gosto é a da mãe que olha para o filho com o olhar do tamanho do mundo. Ela segue fazendo o que é importante, mas nada do que fizer depois – palavras, gestos, atitudes – será capaz de superar o tamanho do olhar. Aquele "não foi nada" me devolveu essa mãe. Era ela e era outra, maior e melhor, em meio a suas verdadeiras dimensões.

O PSICANALISTA PALHAÇO

Hoje descobri que sou palhaço. Psicanalista e palhaço. Psicanalista eu já era e buscava ser na psicologia, na psiquiatria, na educação, mas não encontrava totalmente.

A educação me cabia, mas costumava acentuar a questão da obediência. A psiquiatria também a fomentava, e a psicologia costumava exagerar na busca do significado. Achar o significado pode ser essencial, mas o que é excessivo perde a essência.

Vejo agora que ser palhaço abarca o mais importante. É que eu conheci a Lia Motta, palhaça com formação e prática da mesma forma que eu sou psicanalista. Ela é palhaça em tempo quase integral, feito eu sou psicanalista e, como já era um curioso (por ser psicanalista antes de ser palhaço), perguntei a ela como era ser palhaço.

Ela começou contando do começo, quando fez teatro. Ora, eu também fiz teatro no começo, vivendo a vida, este drama, este "como se", como ela. Ela disse que ser palhaço continuou para valer com um trauma. Fazendo teatro (como eu tentava fazer na vida), ela conheceu em Florianópolis uma discípula do *clown* francês Jacques Lecoq. Esse encontro abalou todas as suas convicções de atriz e deixou-a aturdida.

Eu me tornei psicanalista por causa do trauma e da melhora decorrentes de encontros antes de ir à França. Foram momentos que abalaram minhas convicções (de filho, de amante) e me deixaram aturdido. Ali, senti que começava a ser psicanalista.

Depois daquele encontro, a Lia continuou o seu trabalho. Eu, também. Ela conheceu outros palhaços que a encantaram e a tiraram do aturdimento, fazendo-a encontrar a identidade de palhaça a partir de alguns pontos principais:

1. Desestabilizar o outro com novos encontros. Segundo Lia, o palhaço mexe com a alteridade. A pessoa chega com um jeito de ser, um modo de viver, velho e repetido. O palhaço bagunça tudo isso, fazendo o sujeito questionar-se sobre quem é, quem foi e sobre quem pode vir a ser. O encontro tem a capacidade de mudar a si e ao outro. Isso ela aprendeu com um "palhaço xamânico", aquele que nas tribos desempenha tal importante função. Para mim, como psicanalista, a mais importante.
2. Chegar ao humor e à graça, mas ao humor de si mesmo (o auge do sucesso de um palhaço) e não do outro. Aqui ela trouxe mais carros-chefes de minha identidade de psicanalista e do longo processo que proponho para transformar uma projeção (o olhar apontado para fora) em uma introjeção (o olhar apontado para dentro). Ela, como palhaça, vai ainda mais longe ao mencionar o riso. Ela vai tão longe quanto foi Freud ao colocar o humor no primeiro plano de uma saúde mental e como parte essencial da cura (o auge do sucesso de um psicanalista) e quando criou a metáfora de que uma boa análise transforma uma grande tragédia em uma pequena desgraça. O poeta Mario Quintana disse a mesma coisa, e, diante disso tudo, tento, como discípulo, ser psicanalista-palhaço-poeta.
3. Não trazer o espetáculo pronto. A Lia conta que aprendeu isso com um de seus mestres. A ideia é deixar-se guiar pelo público e construir com ele o espetáculo, apesar de todas as técnicas que já conheceu ou praticou antes do encontro. Então, lembrei que eu não conseguia ser psicanalista com a teoria que tinha estudado e sim quando coconstruía com o outro, deixando-me guiar por ele antes e além de qualquer teoria. Também o aprendi com um mestre, o Lebovici.

Com Lia, descobri que ser palhaço é um atributo louvável, nem um pouco pejorativo, embora nada milagroso ou salvador, ainda que zoem tanto dos palhaços como o fazem dos psicanalistas.

Com Lia, descobri que há vários tipos de palhaços, como o social e o poético, além do xamânico. Ela acha que é uma mistura dos três.

Quanto a mim, misturo menos. Basta-me, com folga, ser um psicanalista palhaço.

POSFÁCIO

> Criar é matar a morte.
> Romain Rolland

Falta à criança a falta,
lomba para subir
antes de
descer,
barro para sujar-se e sujar-se,
bicicleta para ser para sempre,
o escuro
para temer
junto e só.

Deram-lhe muito
queriam dar-lhe tudo
até o tédio de ser só feliz.

Pobre criança
sem cicatriz!

REFERÊNCIAS

Por usarmos e abusarmos da ficção, sob a forma de crônica, nos demos ao direito de não postar referências conforme as normas técnicas e científicas. Falamos de educação, não de regras, e de psicanálise na vida, não de conceitos. Em todo caso, foram-nos úteis e prazerosas as ideias de Vladimir Propp, Sigmund Freud, Eduardo Pavlovsky, Donald Winnicott, Walter Benjamin, Jerome Brunner, entre tantos outros como Aulagnier, Auster, Bachelard, Barros (Manoel), Baudelaire, Bauman, Belchior, Bergeret, Bion, Borges, Byron, Canetti, Ciccone, Cortázar, Cyrulnik, Derrida, Diatkine, Drummond, Etchegoyen, Exupéry, Frankl, Frochtengarten, Goethe, Golse, Gonzaguinha, Gorz, Green (Andre), Green (Julien), Hecker Filho, Hegel, Hölderlin, Horácio, Jakobson, Kafka, Kehl, Kernberg, Kierkeegard, Lacan, Lafforgue, Le Camus, Lemos (Luís), Levy, Lispector, Mafalda (personagem de Quino), Mahler, Maiakovski, Mannoni, Meltzer, Miller, Moraes (Vinícius), Ogden, Pirandello, Pontalis, Quintana, Resende, Ricoeur, Rolland, Ruffato, Sábato, Saramago, Scott, Semprun, Shakespeare, Steiner, Stern, Trevisan, Vargas Llosa, Verissimo (Erico), Vinícius, Wilde e mais aqueles que, mais digeridos ainda, confundem-se com o autor.

Também fazem parte do livro todos os outros poetas que vimos e pintores que lemos.